TITAN

Collection dirigée par
Stéphanie Durand

Du même auteur chez Québec Amérique

Jeunesse

SÉRIE NOÉMIE

Noémie 22 – Les 22 fins du monde !, coll. Bilbo, 2012.
Noémie 21 – Papa Dracula !, coll. Bilbo, 2011.
Noémie 20 – Les Grandes Paniques, coll. Bilbo, 2010.
Noémie 19 – Noémie fait son cinéma !, coll. Bilbo, 2009.
Noémie 18 – La Baguette maléfique, coll. Bilbo, 2008.
Noémie 17 – Bonheur à vendre, coll. Bilbo, 2007.
Noémie 16 – Grand-maman fantôme, coll. Bilbo, 2006.
Noémie 15 – Le Grand Amour, coll. Bilbo, 2005.
Noémie 14 – Le Voleur de grand-mère, coll. Bilbo, 2004.
Noémie 13 – Vendredi 13, coll. Bilbo, 2003.
Noémie 12 – La Cage perdue, coll. Bilbo, 2002.
Noémie 11 – Les Souliers magiques, coll. Bilbo, 2001.
Noémie 10 – La Boîte mystérieuse, coll. Bilbo, 2000.
Noémie 9 – Adieu, grand-maman, coll. Bilbo, 2000.
Noémie 8 – La Nuit des horreurs, coll. Bilbo, 1999.
Noémie 7 – Le Jardin zoologique, coll. Bilbo, 1999.
Noémie 6 – Le Château de glace, coll. Bilbo, 1998.
Noémie 5 – Albert aux grandes oreilles, coll. Bilbo, 1998.
Noémie 4 – Les Sept Vérités, coll. Bilbo, 1997.
Noémie 3 – La Clé de l'énigme, coll. Bilbo, 1997.
Noémie 2 – L'Incroyable Journée, coll. Bilbo, 1996.
Noémie 1 – Le Secret de Madame Lumbago, coll. Bilbo, 1996.
- **Prix du Gouverneur général du Canada 1996**

SÉRIE PETIT GÉANT

Le Dernier Cauchemar du petit géant, coll. Mini-Bilbo, 2007.
Le Grand Ménage du petit géant, coll. Mini-Bilbo, 2005.
Le Petit Géant somnambule, coll. Mini-Bilbo, 2004.
Les Animaux du petit géant, coll. Mini-Bilbo, 2003.
Le Camping du petit géant, coll. Mini-Bilbo, 2002.
L'Orage du petit géant, coll. Mini-Bilbo, 2001.
La Nuit blanche du petit géant, coll. Mini-Bilbo, 2000.
La Planète du petit géant, coll. Mini-Bilbo, 1999.
Les Voyages du petit géant, coll. Mini-Bilbo, 1998.
La Fusée du petit géant, coll. Mini-Bilbo, 1998.
L'Hiver du petit géant, coll. Mini-Bilbo, 1997.
Les Cauchemars du petit géant, coll. Mini-Bilbo, 1997.

SÉRIE PETIT BONHOMME

Le Corps du Petit Bonhomme, coll. Album, 2005.
Les Images du Petit Bonhomme, coll. Album, 2003.
Les Chiffres du Petit Bonhomme, coll. Album, 2003.
Les Musiques du Petit Bonhomme, coll. Album, 2002.
Les Mots du Petit Bonhomme, coll. Album, 2002.

Moi, Noémie et les autres, coll. Bilbo, 2009.
Ma meilleure amie, coll. Album, 2007.
- **Prix du Gouverneur général du Canada 2008 - Illustrations**
- **Prix Alvine-Bélisle 2008**

La Nuit rouge, coll. Titan, 1998.

Adulte

Les Parfums d'Élisabeth, coll. Littérature d'Amérique, 2002.
Le Mangeur de pierres, coll. Littérature d'Amérique, 2001.

La Nuit Rouge

Catalogage avant publication de Bibliothèque et Archives nationales du Québec et Bibliothèque et Archives Canada

Tibo, Gilles
La Nuit rouge
(Titan jeunesse ; 40)
ISBN : 978-2-89037-944-2
I. Titre. II. Collection.
Tibo, Gilles. Noémie ; 12.
PS8589.I26N95 1998 jC843'.54 C98-941385-3
PS9589.I26N95 1998

Conseil des Arts du Canada · Canada Council for the Arts · SODEC Québec

Nous reconnaissons l'aide financière du gouvernement du Canada par l'entremise du Fonds du livre du Canada pour nos activités d'édition.

Gouvernement du Québec – Programme de crédit d'impôt pour l'édition de livres – Gestion SODEC.

Les Éditions Québec Amérique bénéficient du programme de subvention globale du Conseil des Arts du Canada. Elles tiennent également à remercier la SODEC pour son appui financier.

Québec Amérique
329, rue de la Commune Ouest, 3e étage
Montréal (Québec) H2Y 2E1
Téléphone : 514 499-3000, télécopieur : 514 499-3010

Dépôt légal : 4e trimestre 1998
Bibliothèque nationale du Québec
Bibliothèque nationale du Canada

Mise en pages : PageXpress
Illustration/Photographie en couverture : Charles Vinh
Révision linguistique : Michèle Marineau
Graffitis de Benoît, Guillaume, Fred et Simon.
Réimpression : juillet 2012

www.quebec-amerique.com

Imprimé au Canada

GILLES TIBO

LA NUIT ROUGE

Québec Amérique

À Simon, Fred et Guillaume,
trois papillons
dans la nuit urbaine.

Chapitre 1
La formation

Le vendredi 18 juillet, 21 heures.

Montréal, écrasée par la canicule, ressemble à une bête couchée le long du fleuve, une bête en chaleur qui laisse tremper toute sa masse dans l'eau fraîche.

Le soleil descend vers l'horizon en étirant les ombres jusqu'au fond des cours. Les gratte-ciel s'enflamment comme des torches. Trois faisceaux lumineux parcourent le ciel étoilé.

Loin des bruits du centre-ville, dans le silence d'une ruelle peuplée de hangars, une silhouette marche mollement. Avec sa casquette, son pantalon large, sa chemise couleur kaki, on dirait un jeune guérillero qui porte des habits de géant.

Il passe sous un lampadaire, lève la tête vers la lumière. Il s'appelle Fred. Il a 18 ans.

Nom de code : WEXER. Quelques cicatrices courent sur son menton. Il s'est rasé avec le rasoir de son père. Mais, ce soir, il se fout de son père comme il se fout du reste du monde.

Quelquefois un chien jappe de l'autre côté d'une clôture. Fred accélère le pas et poursuit son chemin dans le labyrinthe des passages qu'il connaît par cœur.

▲ ▲ ▲

Fred s'arrête au milieu d'une ruelle et jette un coup d'œil derrière lui.

Une ampoule éclaire un bout d'asphalte. Au loin, dans une cuisine ou une cour, des gens parlent, rient, chuchotent. Fred laisse tomber son sac et le camoufle derrière un arbuste. Puis il glisse sous une clôture et se relève de l'autre côté, dans la cour d'un duplex.

En marchant replié sur lui-même, il se rend jusqu'à une fenêtre illuminée au sous-sol. Il s'appuie au mur près de la fenêtre, avance le poing et cogne trois fois contre la vitre. Trois petits coups qui semblent résonner dans tout le quartier.

Après quelques secondes d'attente, il frappe trois coups insistants. La lumière s'éteint dans le sous-sol. Le rideau bouge. Un visage se dessine derrière la vitre. Quelqu'un fait signe d'attendre.

▲ ▲ ▲

Fred patiente quelques instants. Des faisceaux lumineux traversent le ciel. Tout à coup, la fenêtre s'ouvre. Deux mains apparaissent. Elles poussent un gros sac à dos, qui roule en émettant de curieux cliquetis.

Un gars sort par l'ouverture. Il culbute sur le ciment, se retourne avec une infinie précaution et referme la fenêtre. Il s'appelle Simon. Il a 16 ans. Nom de code : ATAK 21. Son visage rond surmonté d'une casquette lui donne l'air d'un enfant sorti d'une boîte à surprise.

Fred et Simon se regardent. Une étincelle jaillit du regard de chacun. Simon murmure :

—J'ai toutes les munitions qu'il faut...

—Moi aussi. Ça va sauter, c'est effrayant...

Ensemble, ils traversent la cour, les jambes pliées, le dos courbé. On dirait deux gros chats de ruelles. Fred se glisse le premier sous la clôture, il se relève de l'autre côté :

—O.K. Vas-y !

Simon lance son sac à dos, qui vole dans les airs et atterrit dans les mains de Fred. Ensuite, Simon se glisse sous la clôture et se redresse de l'autre côté. En silence, les deux gars font glisser leur sac sur leur dos. Chacun donne un petit coup de reins pour bien répartir la charge puis, sans se consulter, ils partent tous les deux dans la même direction.

Ils marchent l'un derrière l'autre, traversent quelques ruelles, se retournent, scrutent la nuit, flairent les pièges comme des commandos aguerris aux missions nocturnes. Le reste du temps, ils fixent l'asphalte qui chauffe encore sous leurs pieds et qui laisse s'évaporer une haleine de charbon brûlé.

▲ ▲ ▲

Les deux gars débouchent sur un boulevard. Au premier coin de rue, quelqu'un les attend. Il s'appelle Guillaume. Il a 17 ans. Nom de code : BURK. Nouveau venu dans le bataillon, il participe ce soir à sa deuxième mission nocturne, mission surnommée ***Panneau trois X***.

Les trois gars se regardent :

— Salut ! Salut ! On y va à pied ou en métro ?

— Il fait trop chaud pour marcher, dit Simon. Moi, j'irais en métro !

Les deux autres acquiescent en hochant la tête :

— On y va en métro. O.K.

Les trois gars marchent côte à côte. Avec leurs gros sacs, ils occupent toute la largeur du trottoir. Les passants qui les croisent doivent descendre dans la rue pour les laisser passer. En marchant vers la station de métro la plus proche, chacun est perdu dans ses pensées. Simon, le plus fabulateur, s'imagine comme un soldat se rendant sur les lieux d'une embuscade. Fred, le plus vieux et le plus expérimenté, essaie de prévoir toutes les manœuvres et toutes les tactiques possibles. Guillaume, qui en est à sa deuxième mission, se laisse porter par la confiance des deux autres.

▲ ▲ ▲

Le train du métro s'enfonce dans le tunnel. Le bruit des pneus emplit toute l'atmosphère. Simon, le corps mou comme de la guenille, se laisse secouer par les vibrations. Guillaume pense à sa mère. Elle le croit parti au cinéma. Fred regarde de l'autre côté de la vitre. Il compte les petites lumières placées le long de la paroi à intervalles réguliers :

—Seize, dix-sept, dix-huit... Attention, les gars !

Simon fait signe à Guillaume de regarder par la fenêtre. Un mot aux lettres et aux couleurs éclatées suivi d'un autre mot impossible à déchiffrer glissent sur le ciment gris. La lumière venant de l'int érieur du wagon éclaire les grandes lettres qui défilent à toute vitesse. Cela ressemble à une apparition fulgurante, comme si toute la paroi s'était animée l'espace d'une seconde.

Fred et Simon se regardent en souriant. Ils lèvent les bras et se tapent dans les mains.

—La prochaine fois, dit Simon, il faudra les faire beaucoup plus longs. Je n'ai presque rien vu !

Chapitre 2
Le champ de bataille

Sept stations plus loin, le train s'immobilise.

— Centre-ville, tout le monde dehors, dit Simon en riant.

Les trois gars se lèvent de leurs sièges. Sur les dossiers, chacun a laissé sa marque dessinée au crayon feutre : ATAK 21, WEXER et BURK.

Ils quittent le wagon, se faufilent entre les badauds et se laissent porter par les escaliers roulants qui les emmènent vers la surface.

Le trio débouche sur une artère illuminée de millions d'ampoules, d'étoiles qui tournent, de néons clignotants, d'automobiles qui circulent. De temps en temps surgit une ambulance ou une autopatrouille. Les sirènes hurlent. On entre et on sort des restaurants climatisés. Fred, en pointant du doigt les lettres lumineuses d'un bar, se penche vers Guillaume :

—Si tu veux acheter du bon stock, c'est là !

Un peu plus loin, il se penche encore vers Guillaume et lui dit sur le ton de la confidence :

—Si t'as besoin de couteaux, armes, pistolets, mitraillettes tronçonnées, tu viens ici !

Guillaume, l'air incrédule, lui fait signe qu'il ne le croit pas.

—Je te le jure, man ! Va voir dans la ruelle en arrière, tu vas être surpris... Je connais un gars qui s'est acheté un 38.

—Ils vendent ça à n'importe qui ? demande Guillaume.

—Non... Il faut que tu connaisses quelqu'un qui a déjà acheté... Mais il faut surtout avoir de l'argent !

▲ ▲ ▲

Des familles complètes débordent sur les trottoirs à la recherche du moindre courant d'air. Des enfants jouent entre les automobiles stationnées. Quelques gros bonshommes se bercent devant leurs maisons. La peau couverte de sueur, les trois gars tournent le coin d'une rue et s'immobilisent. Devant eux s'étend l'endroit magique, le lieu qui hante leurs rêves depuis longtemps : un immense terrain vague cerné par une palissade de contreplaqué. Un quadrilatère protégé comme une forteresse à sécurité maximale. La clôture qui en fait le tour est recouverte d'affiches et de couleurs. Les contreplaqués portent des graffitis de tous les styles : des centaines de petites signatures écrites à la hâte, des tags aux formes délirantes et d'immenses burners plus longs que des trains de banlieue.

Les yeux rivés sur les signatures, le commando avance lentement pour savourer cet instant magique. Les surnoms se succèdent : ZIP, FORFIT, SWARM, ZECK, FIUSER, TAGER 17, SIMO, FLUO 21, FRAME. Tous des noms de code que les trois gars connaissent par cœur et qui représentent, pour eux, le summum de l'art du graffiti.

▲ ▲ ▲

Fred s'immobilise devant un petit trou dans la palissade. Il approche son œil droit, regarde, mais ne voit rien... Lentement, sa pupille se dilate et s'habitue à la noirceur des lieux. Des formes apparaissent, immobiles et silencieuses.

Soudain, dans la lumière furtive d'un rayon lumineux qui parcourt le ciel, Fred aperçoit un terrain vague recouvert de ruines. On dirait une scène après un bombardement. Quelques pans de murs, appuyés sur des amoncellement de pierres et de briques, s'élèvent dans les airs. Des trous béants laissent voir des fonds de caves. Il ne manque que des cadavres.

— Et puis ? Et puis ? demandent Guillaume et Simon.

— Attendez... Attendez... C'est pas croyable !

Les faisceaux lumineux qui balaient le ciel éclairent quelques nuages et renvoient un peu de lumière bleutée sur ce décor d'après-guerre. Au bout du terrain couvert de profondes cicatrices apparaît un panneau publicitaire. Sa grande surface n'annonce plus rien. À moitié déchirée, toute la partie supérieure pend et se balance dans l'air chaud. Les deux piliers de métal qui le soutiennent semblent défier les lois de la gravité.

— C'est ça... C'est ça..., dit Fred en se tournant vers ses amis.

Les deux autres, excités, se précipitent à tour de rôle pour voir le décor.

▲ ▲ ▲

Fred, Guillaume et Simon s'arrêtent à l'endroit où la clôture semble moins haute qu'ailleurs. Là, le pavé a été légèrement soulevé. Ils marchent de long en large, en guettant les piétons et les automobiles. Le moment est venu de passer à l'action. Le sang s'affole dans leurs veines.

À la première accalmie, Simon lance son sac. D'un bond, il s'agrippe sur le dessus de la clôture et disparaît de l'autre côté.

À la deuxième accalmie, Fred et Guillaume lancent leurs sacs et bondissent l'un après l'autre comme des chats. Ils pivotent au-dessus de la palissade et atterrissent sur un amas de pierres concassées. Le cœur battant, ils se recroquevillent dans le noir et attendent quelque chose, une réaction, un coup de klaxon, une sirène de police.

Rien.

De l'autre côté, la circulation suit son cours normal. Quelques piétons passent et disparaissent au loin.

Les trois gars regardent le terrain vague. Nourris de jeux Nintendo et de Donjons & Dragons, ils deviennent trois soldats, trois rescapés d'un bombardement. Pendant quelques secondes, chacun voit apparaître une mitraillette ennemie qui décharge sa haine dans la nuit, un soldat qui lève le bras de l'autre côté d'une tranchée et qui lance une grenade, un hélicoptère qui survole les lieux en lançant des roquettes. Mais rien ne bouge sur le terrain. La mort s'est couchée et s'est endormie sous les décombres.

▲ ▲ ▲

Fred sort une cigarette, l'allume et inspire la fumée. Simon prend une bouffée en fixant le panneau publicitaire qui s'élève comme une forteresse à conquérir.

Guillaume tire une dernière bouffée et, d'une pichenotte, lance le mégot le plus loin possible. La petite étincelle grésille, monte dans l'air et disparaît dans l'obscurité. Un vent chaud tourne sur la ville. Fred se lève et, d'un coup d'épaule, fait glisser son sac sur son dos. En silence, les deux autres l'imitent.

Ils longent quelques instants la palissade, descendent dans une brèche et réapparaissent un peu plus loin. Ils marchent à tâtons, grimpent à quatre pattes sur des morceaux de béton puis, quittant la bordure clôturée, ils s'engagent sur le terrain vague en direction du panneau.

En jouant les espions, ils avancent à pas feutrés, épient les moindres altérations du terrain, se recroquevillent au premier bruit suspect.

Puis ils se relèvent en retenant leurs sacs par les lanières. Ils courent, pliés en deux sous la charge qui bondit sur leur dos en émettant des petits bruits de billes métalliques. Ils traversent ainsi la première moitié du terrain vague, là où se dressent encore quelques vestiges de maisons.

▲ ▲ ▲

Ils descendent une dizaine de marches défoncées et disparaissent dans le noir. À petits pas, ils circulent au fond de ce qui était jadis un stationnement souterrain. Des colonnes de béton montent du sol. Sur leur tête décapitée, des tiges métalliques se tordent dans l'air du soir.

L'un derrière l'autre, les trois gars avancent dans cette forêt de ciment avec ses lianes de fils tordus et ses grands feuillages de béton. Fred, qui marche devant, voit surgir des fauves aux dents acérées. Simon fait glisser ses semelles par terre pour éviter les pièges tendus par les coupeurs de têtes. Guillaume avale sa salive en écarquillant les yeux.

Soudain, frappé par un ennemi invisible, Fred se cambre, lance un cri étouffé et tombe sur le côté. Guillaume et Simon se précipitent sur le sol :

—Qu'est-ce qu'il y a? Qu'est-ce qu'il y a?

Fred ne répond pas. Il se mord les lèvres, se tord de douleur, les deux mains soudées à son pied gauche.

—Qu'est-ce qu'il y a? Qu'est-ce qu'il y a? répètent les deux autres qui ne comprennent rien. Fred, arrête de niaiser!

Après quelques secondes de gémissements étouffés, Fred finit par dire :

—... J'ai marché... sur quelque chose de pointu... Ça m'a transpercé le pied.

Les deux autres fouillent le sol avec leurs mains. Ils trouvent des morceaux de ciment, de vieilles broches, des bouts de métal. Guillaume se redresse :

—Ça doit être ça... Un gros clou qui sort d'un bout de bois... On dirait que le clou est mouillé...

Simon tâte le morceau avec les doigts, touche au clou pointu. Il approche son nez de l'objet et renifle un grand coup :

—On dirait... du sang...

Fred gémit et se roule par terre :

—C'est écœurant comme ça fait mal...

Il tente de se relever, mais, incapable de mettre du poids sur son pied, il retombe aussitôt. Guillaume, qui tient toujours le morceau de bois avec le clou, prend son élan et le lance à bout de bras.

▲ ▲ ▲

Assis par terre au fond de la cave, Fred enlève son soulier en grimaçant de douleur :

— Les gars... mon soulier est plein de sang...

— On devrait peut-être s'en retourner pis... revenir une autre fois, suggère Guillaume.

Fred remet son pied dans son soulier et répond d'un ton autoritaire :

— On ne s'est pas rendus ici pour revenir une autre fois... Cimonac... on va faire ce qu'on a toujours voulu faire... pis tout de suite... Aidez-moi à me relever !

Guillaume et Simon aident leur ami à se remettre sur pied.

— Ça va, je vais pouvoir marcher... lentement... Il faut juste faire attention.

Simon ramasse le sac de Fred. En tâtonnant, les trois fantassins repartent et avancent lentement au fond de cette cave devenue aussi dangereuse à traverser qu'un champ de mines. Ils progressent à petits pas, les semelles glissent sur le sol en repoussant d'un coup de pied tout ce qui se présente. Lorsqu'une lumière balaie le ciel, les trois gars regardent droit devant et se frayent un chemin entre les décombres.

—Attendez-moi, les gars, je ne suis plus capable d'avancer !

Guillaume soutient Fred par l'épaule. Les trois amis réapparaissent de l'autre côté du grand sous-sol. Ils sortent de l'obscurité et montent sur un encombrement de béton.

Fred se penche régulièrement pour toucher son pied :

—Cimonac, les gars, ça saigne à mort... Impossible de marcher... Allez-y, je vous attends ici.

—Niaise pas, viens-t'en... On va faire ça vite !

Fred se laisse tomber par terre. Il se recroqueville :

—Je vous jure, je niaise pas ! Je suis plus capable d'avancer. J'ai trop mal. Allez-y !

—O.K. Cache-toi ici, dit Simon. On revient tout de suite. Ne t'inquiète pas !

Fred crache en direction des grands buildings, puis, serrant les dents pour ne pas hurler sa douleur, il se glisse sous un vieil escalier. Tapi sous les premières marches, il enlève son soulier et sa chaussette pleine de sang.

Guillaume ouvre son sac et donne son baladeur à Fred, qui grimaçe en posant les écouteurs par-dessus sa casquette :

—Allez-y, les gars... À tout à l'heure...

Chapitre 3
Le survivant

Simon marche devant en épiant les moindres cicatrices du sol. Les deux gars avancent avec la souplesse des chats de gouttières, contournent des obstacles, se rapprochent du grand panneau qui les nargue, les attire en se balançant au-dessus de leurs têtes.

Soudain, un bruit rompt le silence. Un craquement qui ne vient pas de la ville. Simon s'écrase par terre et, d'un signe de la main, se retourne pour avertir Guillaume.

Un autre bruit se fait entendre. Puis un râlement, une longue plainte vient glacer les veines des deux amis qui retiennent leur souffle. Des briques déboulent derrière le mur. Quelqu'un bouge de l'autre côté. Quelqu'un s'approche à pas lourds, imprécis...

Guillaume et Simon restent blottis contre le mur. Les pas s'approchent en martelant le sol de façon irrégulière. Soudain, une silhouette se dessine. Un être mi-homme mi-bête apparaît, les cheveux hirsutes de chaque côté du crâne, une bouteille à la main, marchant comme un gorille épouvanté. Il s'avance en titubant, s'approche en râlant, arrive tout près des deux amis paralysés par la peur. Ses vêtements en loques dégagent une odeur épouvantable. Les deux gars se bouchent le nez. Ils voudraient se sauver en courant, mais quelqu'un est là, devant eux, qui parle tout seul, lançant des bouts de phrases incompréhensibles :

— J'avais perdu les incendies... Moi, je couchais... avec des anges trop grands... Gisèle, ma belle Gisèle... Marco n'est jamais revenu...

Les deux gars écoutent, malgré eux, les délires du monstre. Ils sentent son odeur d'animal perdu, son haleine qui pue l'alcool.

Puis soudain, en titubant, l'être immonde se retourne et aperçoit les deux masses immobiles plaquées contre le mur. Il plie les genoux, se redresse, ouvre la bouche :

— Marco ? Marco ? C'est toi, Marco ?

Les deux gars ne répondent pas. Le bonhomme s'avance :

— C'est pas Marco... c'est pas... c'est... Ma gang de petits vauriens, qu'est-ce vous faites dans mon appartement ?

Guillaume et Simon ne savent plus que faire. Ils pensent à tous ces fous furieux dont on parle dans les journaux, à tous ces agresseurs qui parcourent les entrailles de la ville. Simon, malgré sa longue expérience des sorties nocturnes, est incapable de réagir.

Soudain, l'homme plie les genoux. Il penche la tête sur le côté, fouille dans l'une de ses poches, sort un flacon, dévisse le bouchon et avale le contenu d'un trait. Puis il regarde le flacon et, sans avertir, le lance de toutes ses forces en direction de Guillaume et de Simon.

▲ ▲ ▲

Fred a tassé quelques pierres et s'est calé sous le vieil escalier. Il tourne maladroitement la petite roulette du baladeur. Lorsqu'il a enfin trouvé une musique à son goût, il monte le son au maximum pour oublier la douleur insupportable de son pied qui saigne. La musique Speed matraque ses tympans. Des faisceaux lumineux traversent le firmament et disparaissent au loin, laissant le ciel étoilé couvrir la ville comme un gros couvercle.

▲ ▲ ▲

Le flacon que le monstre vient de lancer tourbillonne dans les airs, frappe le mur de brique et éclate en mille morceaux. D'un bond, Guillaume et Simon l'esquivent et s'enfuient de l'autre côté du mur.

Ils se retrouvent dans les vestiges d'une ancienne chambre. Trois murs tiennent encore debout. De vieux cadres pendent au mur. Dans un coin, un divan défoncé exhibe ses ressorts. Au-dessus du divan, on devine quelques photographies épinglées. Partout, sur le sol éventré, traînent des canettes, des chaudrons, des détritus de toutes sortes.

Le vieux fou apparaît en râlant dans l'ouverture de la porte. Il tient dans ses mains un bout de madrier. Simon a tout juste le temps de se pencher, le madrier siffle au-dessus de sa tête. Le bonhomme s'avance en titubant. Les deux jeunes reculent jusqu'au fond de la pièce. Ils sont coincés.

—Ma gang de petits vauriens... Qu'est-ce que vous faites dans la chambre de Marco?

Les deux gars ne répondent pas, ils voudraient disparaître, se réveiller dans leur lit en espérant que le cauchemar finisse. L'homme s'approche toujours. Guillaume et Simon, à reculons, montent sur le divan. Les ressorts grincent. Le vieux fou sort un autre flacon de sa poche et en avale le contenu d'un trait. Il grimace, s'empare d'une chaise et la lève au-dessus de sa tête. Guillaume et Simon se précipitent de chaque côté du vieux fou, dont les réflexes sont ralentis par l'alcool. Il lance la chaise dans le vide et tombe à plat ventre. Les deux gars se sauvent jusqu'à la porte. Le bonhomme se recroqueville sur le divan puis se met à gémir et à pleurer comme s'il avait déjà oublié la présence des intrus.

En reprenant leur souffle, les deux gars l'entendent murmurer des choses insensées :

— Marco... ma vie... les murs et les plafonds...

Et puis le bonhomme tente de se relever, mais, noyé dans les vapeurs d'alcool, il baisse les bras et s'assoupit en ronflant.

▲ ▲ ▲

Guillaume et Simon regardent le bonhomme étendu sur le divan. S'il ne ronflait pas, ils le croiraient mort. Sa bouche grande ouverte, édentée, ressemble à un trou dans la peau. Le vieillard immobile devient tout à coup moins dangereux. Les deux jeunes se détendent. Simon se penche et ramasse un bout de bois de la grosseur d'un bâton de baseball. Il s'approche lentement du ronfleur en tenant son gourdin devant lui. Guillaume chuchote :

— Qu'est-ce que tu fais ? T'es malade ou quoi ?

— Ça fait longtemps que j'ai pas tué quelqu'un, répond Simon en pointant son bâton devant lui.

Guillaume se fige sur place :

— Arrête ! T'es malade ?

Il regarde la scène et n'en croit pas ses yeux. Simon prend le gourdin à deux mains, le monte au-dessus de sa tête. Puis il abaisse lentement les bras et place le bout du bâton devant la figure du bonhomme, pour vérifier si la trajectoire est la bonne.

— Mais arrête ! Tu veux quand même pas le...

Simon relève lentement le gourdin, se cambre pour prendre son élan, fait durer le suspense quelques secondes puis se tourne vers Guillaume en ricanant :

— As-tu eu peur ?... Inquiète-toi pas, je ferais jamais une chose pareille !

— T'es pas drôle, répond Guillaume, dont le cœur palpite à tout rompre.

Ils s'approchent du bonhomme. Sur son visage osseux, des milliers de petites rides courent en tous sens. Sous ses joues, on peut sentir les battements de son cœur. Sous ses paupières closes, ses yeux courent, affolés.

— Il rêve, chuchote Guillaume.

— Ça a failli être son dernier rêve...

Le vieux referme la bouche, avale un peu de salive. Au-dessus de lui, quelques photos sont épinglées : un homme sourit en tenant sur ses épaules un tout petit garçon, un voilier découpé dans un magazine, une femme assise avec le même garçon, plus âgé.

Tout à coup, le vieillard se retourne. Guillaume et Simon sursautent. D'un bond, ils se retrouvent dans l'ouverture de la porte.

— Bon, on y va, dit Simon. On a assez perdu de temps !

Au moment de partir, les deux gars entendent un grattement à peine perceptible. Quelque chose bouge sous le divan.

— Ça doit être un rat, murmure Simon. J'en ai vu au moins deux tout à l'heure... C'étaient pas des rats de laboratoire !

Guillaume s'empare d'un dossier de chaise et le pointe en direction du sol pour parer à une éventuelle attaque. Une petite bête se faufile, ses yeux apparaissent et clignent dans l'obscurité.

Un chat tigré sort de sous le divan. Il s'étire sur ses longues pattes en relevant la tête. Puis il fait le tour de la pièce en miaulant et vient frôler Guillaume, qui n'ose pas bouger.

Les deux jeunes restent immobiles quelques instants puis, devant les miaulements continus, ils s'assoient par terre et caressent le chat, qui se tourne sur le dos et se tortille dans la poussière. Les deux gars oublient pendant quelques minutes les émotions qu'ils viennent de vivre. Ils oublient la ville qui les cerne de partout, ils oublient leur ami Fred qui gémit sous l'escalier, ils oublient leurs parents et le reste du monde.

Lorsque le chat a terminé ses jeux, il miaule en levant les moustaches, hume l'air ambiant et se dirige vers le divan. D'un bond, il saute sur un coussin et vient se blottir dans le cou du vieux.

—Bon, on a assez niaisé, murmure Simon. Viens-t'en, on y va!

Chapitre 4
L'attaque

Guillaume et Simon sortent de la pièce, enjambent quelques obstacles et parviennent enfin au pied de l'enseigne faiblement éclairée par les lueurs des lampadaires et des feux de circulation. L'immense panneau se découpe comme une tache grise dans le ciel. Avec ses deux mâts et ses longues déchirures, il ressemble à un voilier abandonné, à une épave échouée au milieu d'une mer couverte de vagues de ciment.

Les deux gars marchent sous le panneau en relevant la tête. À chacun de leurs pas, ils émettent un curieux crépitement, comme s'ils marchaient sur des croustilles. Le sol scintille. On dirait du sucre. Guillaume se penche, touche du bout des doigts la surface rugueuse :

—C'est des millions de morceaux de verre concassé...

Simon se penche à son tour, frôle le sol et approche quelques éclats de verre de ses yeux :

—On dirait... on dirait des ampoules brisées.

—Ça doit être les anciennes ampoules qui éclairaient le panneau... À force d'être piétinées...

—Bon ! Je suis plus capable d'attendre, dit Simon. On monte !

Il contourne le pilier derrière lequel se cache une échelle enfermée dans une cage de métal.

—On pourra pas monter avec nos sacs dans le dos, ils passeront pas dans l'ouverture, pense tout haut Simon. On va les attacher sur notre ventre !

Une fois le sac bien accroché sur son abdomen, Simon pose les mains sur le premier barreau et commence à gravir l'échelle. Il pénètre dans la cage de métal et continue son ascension, suivi par Guillaume, dont le cœur galope dans la poitrine.

▲ ▲ ▲

Pendant ce temps, Fred, caché sous l'escalier, fixe le grand panneau en écoutant la musique et en se tordant de douleur. Il distingue ses compagnons, qui montent lentement vers la grande surface du panneau. Il les regarde d'en bas en se mordant les lèvres pour ne pas hurler. Il a tordu sa chaussette et il a touché à sa plaie béante, dans laquelle il sent battre son cœur. Avec ses doigts, il enserre sa cheville pour ne pas perdre trop de sang.

Guillaume et Simon arrivent à la hauteur de la passerelle qui longe le bas du panneau. Ils y montent en s'agrippant à la rampe de secours. Puis ils s'assoient sur le rebord d'une longue poutre de métal. Pour la première fois, ils regardent en bas. La brise chaude qui monte du terrain vague vient les caresser. Le panneau se balance légèrement sur ses grands mâts et réagit au moindre souffle de la nuit.

En regardant les décombres, Guillaume et Simon aperçoivent une flamme qui s'allume sous le squelette d'un escalier. La petite lumière tremble, monte, bouge de gauche à droite, dessine un arc de cercle et disparaît dans le noir. C'est Fred, qui vient d'allumer une allumette. Il est là, tapi dans sa cachette, et il les observe.

Guillaume et Simon lui répondent en dessinant de grands gestes silencieux avec les bras. De loin, on dirait deux oiseaux déplumés qui battent des ailes.

Ensuite, chacun détache son sac et le place sur la passerelle.

—Ça va faire, le niaisage... Ça va sauter, pis tout de suite, dit Simon qui ouvre la fermeture éclair de son pantalon et urine en bas, dans le terrain vague.

Guillaume l'imite :

—Tiens, moi aussi, j'avais une petite envie !

Tous les deux sur la passerelle, ils arrosent la nuit en regardant les lumières du centre-ville. Un souffle chaud venu des buildings frôle la surface du panneau, qui vibre comme une grande voile.

▲ ▲ ▲

Guillaume et Simon sortent fièrement leur arsenal : de gros carnets bourrés de dessins multicolores, des cordes ainsi que l'essentiel de leurs munitions, une douzaine de canettes de couleurs avec, dans un petit sac, des becs de toutes les grosseurs et de toutes les formes.

Chacun choisit ses canettes de peinture, les coiffe de différents becs pour ensuite les enfouir dans les grandes poches de son pantalon.

Simon enfile des gants de caoutchouc en faisant claquer le latex. Puis il sort un masque à gaz et l'installe sur son visage. Il respire à grands coups l'air filtré, qui prend un parfum de menthe. Avec ses deux gros yeux et le filtre rond qui lui couvre tout le bas du visage, il ressemble à une mouche greffée sur un corps humain.

De son côté, Guillaume enfile lui aussi des gants de latex. Il sort de sa poche un foulard de coton, le plie en triangle et le pose sur son nez en le nouant derrière sa nuque. Il ressemble à un hors-la-loi prêt à attaquer une diligence. On croirait voir une apparition extraite d'un film surréaliste : une grosse mouche et un cow-boy perdus sur un vieux panneau publicitaire au milieu de nulle part.

▲ ▲ ▲

En courant sur la passerelle, qui tremble dangereusement à chacun de leurs pas, la mouche et le cow-boy se séparent et s'en vont chacun à une extrémité du panneau. Là, ils sortent leurs canettes de leurs poches, lèvent les bras et, d'un geste sûr, commencent à dessiner le contour d'immenses lettres qui s'imbriquent les unes dans les autres, se faufilent en se croisant, en se décroisant, en passant l'une sous l'autre comme si elles dansaient ensemble.

Fébriles, silencieux, les deux gars accomplissent leur œuvre. Ils s'arrêtent parfois, brassent leurs canettes puis continuent à dessiner avec une extrême précision. Dans le silence de la nuit, on n'entend plus que le sifflement des bonbonnes qui se vident lentement à chaque jet de couleur.

Quelquefois ils s'arrêtent, baissent le bras et penchent la tête vers l'avant pour reposer les muscles du cou. Ils reculent un peu en s'appuyant contre la rampe de sécurité. Ils regardent le travail accompli puis se remettent à l'ouvrage. Sans dire un mot, ils laissent parler leurs gestes. Plus rien au monde n'existe que le plaisir de voir apparaître en pleine nuit leur signature géante. Des frissons parcourent la peau de Simon. Des étincelles brillent dans les yeux de Guillaume.

De temps à autre, un son, un soupir, un glissement montent du terrain vague. Les deux gars regardent en bas, balaient d'un regard inquiet la surface immobile des décombres et continuent leur œuvre.

Bientôt, deux grands mots aux lettres gonflées apparaissent sur le panneau. Deux signatures plus grandes que nature, comme si deux géants venus d'une autre planète étaient passés par là et avaient signé leurs noms : ***ATAK 21*** et ***BURK.***

▲ ▲ ▲

Une fois leurs signatures dessinées à grands traits à chaque extrémité du panneau, les deux gars en sueur se rendent au milieu de l'espace vierge et commencent à dessiner autre chose.

Fred, toujours caché sous l'escalier, les écouteurs sur les oreilles, voit les premières lettres de son surnom apparaître lentement entre les signatures de ses amis. Son sang ne fait qu'un tour, il veut se relever, tente quelques pas en marchant sur trois pattes, mais, au premier obstacle, il s'arrête, rebrousse chemin et va se tapir dans sa cachette. De là, en se mordant les lèvres et en retenant ses larmes, il regarde son surnom sur le panneau comme sur un écran de cinéma : ***WEXER***. Il pense aux milliers de personnes inconnues qui, demain, regarderont son nom surgir par-dessus la grisaille de la ville.

Chapitre 5
L'embuscade

Immobilisé par la douleur de son pied, qui enfle à vue d'œil, perdu dans les contorsions de la musique Speed, Fred regarde ses amis. Soudain, une silhouette glisse à sa gauche. Quelqu'un s'approche en rampant, s'arrête, s'immobilise quelques secondes et repart.

Fred se cale contre le mur sous l'escalier. D'un coup sec, il tire sur le fil des écouteurs. Le silence lui emplit les oreilles et résonne dans sa tête. Il écoute. Un léger glissement... Soudain, une forme humaine passe en rampant devant lui. Il est si près qu'il l'entend respirer, qu'il pourrait y toucher. Quelqu'un avec un grand corps d'adulte est là, tout habillé de noir.

Fred retient son souffle. Avec les doigts, il fouille le sol et s'empare d'une brique. Il la serre contre lui, prêt à se défendre. L'autre ne l'a pas remarqué. Il attend quelques instants, immobile comme un reptile, puis il amorce un mouvement et disparaît devant l'escalier.

Les yeux écarquillés, Fred regarde plus loin. Une autre forme allongée circule parmi les décombres et, encore plus loin, Fred en devine une autre qui se dirige vers le panneau.

▲ ▲ ▲

Sur la passerelle, Guillaume et Simon terminent leurs lettres géantes, de grandes lettres vides.

Puis les deux gars échangent quelques bonbonnes, les brassent et commencent à colorer l'intérieur des lettres à grands coups d'aérosol. Les couleurs se juxtaposent, se mêlent, se croisent, se marient puis se rejettent en contrastes flamboyants. Les lettres deviennent presque illisibles dans toute cette orgie de couleurs. Autour des deux artistes flotte une poussière de couleurs qui montent paresseusement dans la chaleur du soir. Les mauves, les verts, les jaunes, les bleus s'évaporent et se fondent dans la nuit.

Simon ne pense plus à rien d'autre qu'à la couleur qui semble sortir de ses bras, de ses mains, de ses doigts. Guillaume, debout sur la rampe de la passerelle, ne songe plus qu'au rapport des teintes qui s'entrechoquent et s'interpellent.

Pendant ce temps, une voiture de police s'approche du quadrilatère et circule toutes lumières éteintes.

Pendant ce temps, des membres de l'escouade anti-graffitis rampent sur les ruines du terrain vague comme des serpents venimeux.

Pendant ce temps, Fred, impotent et blessé, cherche un moyen d'avertir ses amis sans se faire démasquer.

L'auto-patrouille roule lentement le long de la palissade. À l'intérieur de l'habitacle, les petites lumières des appareils de bord illuminent la tête des policiers. De l'émetteur sort une voix neutre :

— Accident au coin de la 22e et de la Métropolitaine... Cadavre trouvé dans un fossé près de l'échangeur Turcot...

Toutes lumières éteintes, l'auto-patrouille avance en silence, puis le policier approche le micro :

— Voiture 16 au central, voiture 16 au central : on a deux petits moineaux qui font des graffitis. On va les cueillir et les mettre en cage !

▲ ▲ ▲

Soudain, en brassant une canette, Simon se retourne. À l'endroit où Fred est caché, il aperçoit la petite flamme d'une allumette qui s'agite en tous sens. Plus loin dans la pénombre, il voit quelqu'un se baisser. Un peu plus loin, une ombre s'arrête en plein mouvement. Juste en bas, une autre se blottit contre le pilier du panneau.

Panique !

Le sang de Simon claque dans ses veines. Il se précipite vers Guillaume, debout sur la rampe, complètement concentré sur son travail. Il lui tire le pantalon et murmure, derrière le masque qui lui recouvre le visage :

— Guillaume... Guillaume... Y a des flics en bas sur le terrain !

Guillaume se retourne, saute sur la passerelle et jette un coup d'œil en bas :

— Fuck, c'est pas vrai... Qu'est-ce qu'on fait ?

— On se sépare pis on fait ce qu'on peut...

En panique, ils détachent leurs masques, enlèvent leurs gants de latex pleins de peinture et abandonnent tout leur matériel.

Chacun se dirige en catastrophe à une extrémité de la passerelle et s'engage dans une échelle. Au même moment, dans les décombres, on crie, on allume des lampes de poche, on court derrière les flèches lumineuses qui percent l'obscurité.

Simon apparaît tout à coup dans la lumière des lampes. Son ombre se colle sur un pan de mur dressé derrière lui. Il lâche les barreaux et saute dans le vide pour accélérer sa fuite. Il atterrit sur un vieux bout du panneau déchiré.

Il rebondit comme un ressort et se met à courir à toutes jambes. Deux formes se précipitent sur lui. L'une d'elles glisse sur la surface de verre concassé et s'aplatit sur le sol en hurlant de douleur.

Simon part à l'épouvante. Il court comme un forcené dans les décombres du terrain vague. La lampe de son poursuivant l'éclaire par derrière. La lumière ricoche sur le dessus des amoncellements de détritus. Simon court en sautant par-dessus les obstacles, en évitant les trous. Il n'a jamais couru aussi vite. Il n'a jamais eu aussi peur de sa vie. Chaque muscle de son corps tendu à l'extrême l'emporte dans une fuite effrénée. Tout se passe tellement vite qu'il n'a pas le temps de réfléchir à ce qu'il fait. Son corps vole, plane par-dessus les décombres. Chargés d'adrénaline, ses muscles explosent. Il devient léger comme une plume. La peur prend possession de ses jambes. Il court. Il court à perdre haleine.

Simon distance le porteur de lumière, qui semble s'essouffler derrière lui. Il court. Il court dans l'air chaud. Tout son corps ruisselle d'une sueur qui semble bouillir sur sa peau, qui coule sur son visage, dans ses yeux. Il court. Il court, lance son corps dans les abîmes de la nuit. Il court. Il court sans se retourner, sans se soucier ni de Guillaume ni de Fred. Plus rien n'existe que la volonté de sortir du guêpier. Il court. Il court. La clôture est là, tout près. Il entend le bruit des passants derrière les panneaux. Il court. Il court.

Soudain, une silhouette se dresse devant lui en criant. Les oreilles bouchées par la pression du sang, Simon bifurque, se lance en avant dans le vide, saute par-dessus des tas de briques, s'empêtre, tombe, roule en se frappant la tête, se relève et reprend sa course folle en direction de la palissade.

Derrière lui, ses poursuivants ralentissent. Exténués, ils s'arrêtent et l'éclairent de leurs lampes. Le cœur au bord de l'explosion, les poumons en feu, les pieds martelant le sol, Simon se sent déjà libéré. Les yeux pleins de sang, il voit apparaître devant lui un surplomb de ciment. Il grimpe dessus et se donne un élan. Tout son corps monte dans les airs, semble flotter quelques instants et retombe en se frappant durement contre la paroi de la clôture. Il réussit à s'accrocher aux contreplaqués. Il tente de se hisser sur le dessus. Il en est incapable. Ses pieds tentent de s'appuyer sur quelque chose mais ne trouvent que le vide.

Le voyant en difficulté, un policier bondit dans sa direction. Simon est aveuglé par la lumière. Ses forces le quittent. Il reste accroché à la clôture comme un animal à demi mort. Il souffle, il peine, il sue, il enrage. La lumière approche toujours. Dans un dernier réflexe de survie, tout son être tente un ultime effort. Au moment où le poursuivant arrive à sa hauteur, Simon réussit à se cambrer et à accrocher un pied sur le rebord supérieur d'un contreplaqué. Il y passe ensuite toute la jambe, puis l'autre. Il parvient à monter sur le dessus de la clôture.

▲ ▲ ▲

Caché sous l'escalier, Fred ne voit plus rien dans l'obscurité du terrain vague. Il entend courir, crier, mais il ne peut plus bouger. Sa jambe est engourdie par le mal. Tout son corps est paralysé par la peur qui lui monte au ventre.

De son côté, Guillaume est tombé aux mains de l'ennemi. On lui passe les menottes et on l'informe du motif de l'arrestation : avoir enfreint les limites d'un terrain privé ; avoir dessiné des graffitis.

Encadré par deux policiers, Guillaume lève les yeux. Au-dessus de lui, sur l'immense panneau, trois signatures défient le ciel de Montréal. Un policier grimpe sur la passerelle et récupère tout le matériel.

Chapitre 6
La trêve

Deux femmes qui marchaient sur le trottoir lancent un cri de surprise. Simon vient d'apparaître au-dessus de la clôture, les cheveux hirsutes, la chemise et les pantalons déchirés, tout son corps ruisselant de sueur, ses poumons soufflant à grands coups. Devant les passantes ahuries, Simon saute sur le ciment et s'écrase contre la clôture pour reprendre son souffle.

Mais le fuyard n'a pas le temps de se reposer. Cachée en double ligne, une auto-patrouille allume ses gyrophares et laisse hurler sa sirène. Tout le monde se fige sur le trottoir. Simon, secoué par une autre charge d'adrénaline, se précipite entre les voitures. Il court comme un damné poursuivi par des démons invisibles. La bouche grande ouverte pour mieux respirer, il court dans le sens contraire de la circulation. La voiture de patrouille fonce vers lui. Elle serpente entre les automobiles, qui freinent et se tassent sur son passage. Mais elle est bientôt stoppée par un camion qui n'a pas l'espace nécessaire pour se dégager. L'auto-patrouille freine brusquement. Les pneus crient. La sirène hurle à tue-tête. Les gyrophares tournent à toute vitesse.

Simon court à perdre haleine. Il se lance sur le côté, s'engouffre dans un petit passage et se précipite entre deux restaurants dont les portes des cuisines sont grandes ouvertes. Des parfums de cuisson flottent dans l'air chaud. Il arrive au fond du passage qui débouche dans une ruelle. Il monte sur un amas de boîtes pleines de détritus et enjambe une petite porte cochère.

Simon se trouve coincé dans une cour complètement fermée. Il n'y a pas d'issue possible. Des pas approchent en courant dans la ruelle. Dans un réflexe de survie, sans même penser à ce qu'il fait, Simon enjambe l'ouverture d'une fenêtre ouverte et se cache derrière un rideau en soufflant comme un perdu. Il voit un faisceau de lumière monter au-dessus de la porte cochère. Le rayon se promène et glisse sur le sol, sur les murs. Puis la lumière s'éteint. Des voix chuchotent dans la ruelle.

Le faisceau de la lampe s'allume encore et glisse sur les murs de l'autre côté. Après quelques minutes plus longues qu'une éternité, la lampe s'éteint, laissant la ruelle dans l'obscurité. Des pas s'éloignent dans le passage. Quelqu'un dit :

— Fuck... Il nous a échappé, le petit crisse...

Une portière claque. Des pneus crient sur l'asphalte.

▲ ▲ ▲

Guillaume, menottes aux mains, monte dans une auto-patrouille. Le conducteur fait démarrer le moteur, et toutes les lumières du tableau de bord s'illuminent. Un ordinateur miniature apparaît au-dessus d'un clavier pivotant. Une voix sort d'un micro :

— Violence conjugale, quartier Mercier...

Guillaume, couvert de sueur, pense à Fred et à Simon. Il pense aussi à sa mère, qui doit dormir, à cette heure tardive. L'auto-patrouille quitte les abords de la grande clôture. Les lumières du centre-ville flottent de chaque côté des vitres.

▲ ▲ ▲

Fred, caché sous l'escalier, ne peut plus bouger sa jambe. Il perd du sang. Il souffre. Il ouvre la bouche pour crier, pour appeler à l'aide. Mais sa voix ne porte pas. Elle se perd dans l'immensité du ciel. À chaque cri, ses forces le quittent un peu plus. Personne n'entend son appel au secours. Les buildings restent debout, impassibles et lumineux dans la nuit chaude. Les feux de circulation rythment le temps qui passe comme des tambours silencieux. Les voitures continuent à circuler et à faire ronfler leurs moteurs.

Couvert de sueur froide, Fred replace les écouteurs du baladeur sur ses oreilles. Il tourne maladroitement la petite roulette pour trouver un autre poste de radio. Sur toutes les ondes, on ne joue à cette heure tardive que des chansons d'amour ponctuées de commerciaux. En écoutant une annonce de bière, Fred, au bout de son sang, voit la mort se lever dans les brumes du terrain vague. La mort rôde quelques instants, soufflée par les haleines chaudes de la nuit. Elle s'approche lentement du corps de Fred, qui, pris de panique, essaie de ramper hors de son refuge. Mais il n'a plus la force de se sauver. Dans ses écouteurs gémissent des guitares lancinantes. Sa mort est là, flottant au-dessus de lui. Elle tangue, s'approche, recule, danse une dernière valse avant de l'emporter dans les ténèbres.

Fred, dans les délires de sa fièvre, voit apparaître le vrai visage de sa mort. C'est un vieux bonhomme édenté, aux joues creuses, à l'haleine fétide. C'est un cadavre sorti de l'enfer. Le paquet d'os se penche vers Fred et pose ses mains sur sa tête. Ensuite, les doigts fourchus arrachent les écouteurs, et Fred est envahi par le silence tout chaud de la ville. Les doigts s'emparent de la casquette de Fred et glissent un à un dans ses cheveux. Fred sent les ongles caresser son crâne. Puis le cadavre désarticulé s'étend près de lui. Il lui relève la tête et l'enveloppe de ses bras maigres en le berçant comme un nouveau-né.

▲ ▲ ▲

Caché derrière le rideau, Simon attend quelques instants. Il reprend son souffle. Puis, comme s'il venait de comprendre la gravité de la situation, il se retourne et examine les lieux. Dans un coin de la chambre, un gros ours en peluche le regarde. Plus loin, dans l'obscurité, il devine des images découpées dans des livres d'enfants. Un ventilateur pousse l'air chaud d'un mur à l'autre. Un lit orné de barreaux se dresse au fond de la pièce.

Simon s'appuie au mur sous la fenêtre. Les pulsations de son cœur reprennent peu à peu leur rythme normal. Mais son ventre hurle encore. Tout son corps lui fait mal. Dans sa fuite effrénée, il s'est cogné la tête, les bras, les épaules, les genoux. Ses pieds sont en feu. Il pense à Guillaume, à Fred caché sous l'escalier. Il songe à son sac à dos, à toutes les canettes de couleur qu'il a abandonnées.

Il a peur, mais d'une autre peur que celle de la fuite. Il a peur de tout ce qui peut arriver maintenant. Il a peur de sortir de cette pièce dans laquelle il se sent en sécurité, il a peur de retourner chez lui, de marcher dans la rue et de se faire attraper. Il a peur, et cette peur n'a pas de nom.

Pour se détendre un peu, il marche dans la chambre en regardant les images collées sur les murs : des enfants dessinés se balancent au fond d'un grand bois dont le feuillage des arbres explose au soleil. Des canards roses marchent les uns derrière les autres en se dandinant. Trois oursons font des culbutes dans l'herbe.

Simon s'approche du lit, regarde entre les barreaux et cesse de respirer. Dans la pénombre, il aperçoit deux enfants presque nus qui dorment sur le ventre. Le plus petit porte une couche et l'autre, probablement une petite fille, avec ses longs cheveux collés sur son dos, n'est vêtue que d'une camisole. Quelques jouets et une suce de caoutchouc traînent dans un coin du lit.

Les deux enfants dorment profondément. Simon les fixe quelques instants. Il les regarde, et tout son corps se détend. Il s'assoit sur une chaise berçante et savoure la paix de cette chambre qu'il ne voudrait plus quitter.

▲ ▲ ▲

Puis, avec mille précautions, Simon ouvre les battants d'une garde-robe, qu'il explore avec les mains. Sur une tablette, il trouve un panier d'osier contenant un nécessaire à couture. Il fouille un peu, se pique l'index, fouille encore et trouve une paire de ciseaux. Parmi les quelques boîtes et les sacs remplis de guenilles, il découvre une vieille chemise aux manches déchirées. En vitesse, il enlève la sienne et enfile l'autre. C'est une chemise qui lui rappelle celle que portait son père sur de vieilles photos.

Ensuite, ne trouvant rien d'autre à mettre, il s'empare des ciseaux et commence à tailler son propre pantalon à la hauteur des cuisses. Il se retrouve avec une paire de bermudas. Il cache sa vieille chemise et les retailles de son pantalon dans les sacs de guenilles, puis il referme la porte de la garde-robe.

Il rentre sa nouvelle chemise dans son pantalon et il enlève sa casquette, *sa foutue casquette*, comme dit son père. Il la plie délicatement et la glisse au fond de sa poche.

Se sentant ainsi méconnaissable, Simon regarde par la fenêtre et inspecte les lieux. Rien ne bouge. Il saute dans la cour, la traverse à pas de loup, grimpe sur la porte cochère et se retrouve dans la ruelle. Là, il se cache derrière de grosses poubelles en plastique, qui empestent la viande chauffée au soleil. Il regarde en direction du terrain vague. Il pense à Fred, à tout son matériel abandonné, mais il ne peut rien faire. Une auto-patrouille, toutes lumières éteintes, fait le guet.

Simon fait demi-tour. Il longe les murs de la ruelle et aboutit dans une rue faiblement éclairée. Il se mêle à quelques piétons qui profitent de la nuit pour oublier l'insupportable chaleur.

Chapitre 7
Retour au camp de base

L'auto-patrouille emporte Guillaume jusqu'au poste de police numéro 34. Elle contourne le bâtiment et s'arrête devant une grande porte. Quelques voix grincent dans les micros. La porte s'ouvre comme par magie, et l'auto-patrouille pénètre dans le garage. Les néons du plafond tapissent les murs gris d'une lumière incandescente. Le cœur de Guillaume bat à tout rompre. Pendant que l'un des policiers tapote le clavier de l'ordinateur et consulte quelques papiers, l'autre descend. La portière s'ouvre :

— Par ici, mon jeune !

Sans dire un mot, tête basse, Guillaume suit le policier. Il s'engage dans un corridor et s'arrête au comptoir d'écrou. Là, on lui ordonne, comme à un criminel, de vider ses poches, de délacer ses souliers et d'enlever sa ceinture. Puis le sergent en faction derrière le comptoir lui demande le numéro de téléphone de ses parents.

Le policier compose lui-même le numéro. Il attend quelques instants et s'impatiente :

— Est-ce qu'il y a quelqu'un chez vous ?

— ... Oui, ma mère... Laissez sonner... elle doit avoir pris des somnifères...

Guillaume regarde le plancher de tuiles grises. Il prendrait bien une pilule pour disparaître complètement, pour effacer cette maudite aventure, pour retrouver son lit. Il regrette d'avoir accompagné Fred et Simon. Après quelques secondes d'attente, le policier se racle la gorge, avale sa salive et dit :

— Bonsoir, madame... Vous êtes bien la mère de Guillaume ? Ici l'agent Cinelli, du poste 34... On vient d'arrêter votre fils... Oui... Il faisait des graffitis avec un de ses amis... Oui, madame... Je vous le passe, il est à côté de moi.

▲ ▲ ▲

Fred est blotti dans les bras de sa mort. Elle lui répète des choses qu'il n'a pas la force de comprendre. Tout à coup, avec une infinie tendresse, elle approche quelque chose de la bouche de Fred. Un liquide plus chaud que du feu coule entre ses lèvres, glisse sur sa langue et vient lui brûler la gorge. Toute sa poitrine s'enflamme. Sous le choc, Fred, les yeux mi-clos, regarde une dernière fois les gratte-ciel. Ils tournent quelques secondes autour de sa mort qui le berce avec tendresse, puis, une à une, les lumières s'éteignent dans le ciel. Les étoiles s'estompent, et Fred, qui reçoit une autre gorgée de feu, disparaît dans la nuit totale.

▲ ▲ ▲

Accablé de fatigue, Simon marche dans les rues du centre-ville en évitant les grandes artères. Il marche comme un zombi, tournant la tête de tous les côtés, épiant chaque coin de rue, regardant défiler les ruelles, les entrées, les stationnements. Il ne cesse de faire des plans dans sa tête : je peux me cacher ici, je peux m'enfuir par là, je peux...

Il aperçoit une auto-patrouille qui attend un feu vert au coin d'une rue. Il se cache entre deux autos stationnées, regarde le ciel. La nuit s'achève. Le noir se transforme en un bleu profond. Au loin, par-dessus les pâtés de maisons, une faible lueur commence à percer le firmament. Simon vérifie au coin de la rue. L'auto-patrouille a disparu.

▲ ▲ ▲

Au téléphone, Guillaume répète à sa mère :

— Oui... Oui... c'était la première fois que je faisais une affaire de même... O.K. Oui... Moi aussi... Bye...

Il raccroche et dit au policier :

— Ma mère vient me chercher.

Le policier lui fait signe de le suivre. Guillaume marche en retenant son pantalon, qui n'a plus de ceinture. Il jette un coup d'œil furtif aux cellules qui bordent le corridor. Derrière des barreaux, un homme est couché sur le côté, la tête appuyée sur un rouleau de papier hygiénique en guise d'oreiller.

Au bout du corridor, le policier ouvre une porte de métal et fait signe à Guillaume d'entrer. Il se retrouve dans une pièce peinte en jaune, une grande pièce sans fenêtre, avec une banquette qui longe les trois murs du fond. Un gars est couché sur une des banquettes. En face de lui, deux autres jeunes attendent, recroquevillés sur eux-mêmes. Guillaume, les yeux rouges, pénètre dans la pièce et s'assoit.

La porte se referme. La figure du policier apparaît furtivement dans la fenêtre. Ses yeux se promènent de gauche à droite puis se posent sur les jeunes prisonniers avant de disparaître.

Guillaume regarde les murs vides. Il attend que sa mère vienne le chercher. Pour passer le temps, il se rappelle la première sortie nocture qu'il a faite avec Fred et Simon. Cette fois-là, le nom de code était ***Mastodonte.*** Il se souvient de tout. Avec ses deux amis, il a traversé, un soir, les clôtures du stationnement des autobus. Il a rampé sous les mastodontes alignés les uns à côté des autres. Il a dessiné à grands gestes son surnom sur le flanc d'une douzaine d'autobus. Il se souvient de la peur mêlée au plaisir...

Soudain, les deux jeunes assis en face de lui se redressent et commencent à se chamailler, à crier à tue-tête. Leurs voix résonnent sur les murs de la cellule. Ils courent dans la pièce comme des écureuils en cage, montent sur la banquette, passent par-dessus Guillaume, qui reste figé sur place.

L'autre jeune couché dans un coin regarde Guillaume :

—Je sais pas ce qu'ils ont pris, mais

ça a l'air pas mal buzzant comme stock !

Les deux gars continuent à se chamailler, à hurler, à se lancer contre les murs. Soudain, la porte s'ouvre en grinçant. Un policier fait son entrée. Il tient dans ses mains un bâton noir sur lequel est inscrit ***LE CALMANT***, en lettres jaunes.

En voyant le policier qui tape sa paume avec sa matraque, les deux gars s'assoient et ne disent plus un mot. Le policier, immobile et silencieux, fronce les sourcils, se frappe une dernière fois la paume et referme la porte.

▲ ▲ ▲

Lorsque Simon arrive dans la ruelle derrière la maison de ses parents, le ciel s'est légèrement éclairci. Le soleil souffle déjà ses chaleurs entre les murs de la ville. Simon ne pense qu'à une chose : se laisser tomber dans son lit et dormir en oubliant cette soirée maudite.

Il longe la clôture, se faufile dessous et marche dans la cour jusqu'à la fenêtre de sa chambre. Il fait glisser la vitre sur le côté et s'engage dans l'ouverture. En glissant, comme un soldat au fond d'une tranchée, il ressent tout de suite la fraîcheur humide du sous-sol. Il referme la fenêtre, mais il n'a pas le temps d'enlever la chemise volée qu'une voix lui demande :

— Tu as passé une bonne nuit ?

Simon sursaute. Son père est assis sur une chaise devant le mur de sa chambre barbouillé de graffitis. Simon ne sait plus quoi dire, quoi faire, quoi répondre. Il se laisse tomber sur son lit.

— Alors ? Tu as passé une bonne nuit ?

Chapitre 8
La guerre des nerfs

Simon voudrait disparaître à l'autre bout du monde, dans ce pays improbable où on peut remplir les murs de dessins sans être poursuivi et harcelé comme un hors-la-loi.

Son père s'assoit sur le bord du lit :

— Il est cinq heures du matin. Ça fait une heure que je t'attends. Qu'est-ce que tu fais, habillé de même ?

Simon se tourne vers le mur :

— Je suis allé à une fête, j'ai échangé du linge avec un gars qui travaille dans une friperie.

— Avec qui t'es allé là ?

— Avec Guillaume... Avec Guillaume pis... pis avec personne d'autre !

— T'es allé à une fête pis c'est tout ?

— Oui... c'est tout... Je veux dormir...

Pris d'une rage trop longtemps refoulée, le père empoigne son fils avec fureur :

— Une fête, je vais t'en faire une... mon petit sacrament ! T'étais pas à une fête ! Tu faisais tes maudits graffitis avec Guillaume ! Il s'est fait pogner ! Sa mère m'a appelé !

Simon ne dit rien. Il enfouit sa tête sous son oreiller pour ne pas entendre les reproches :

— T'es pas capable de faire les affaires comme tout le monde ? On t'a laissé gribouiller sur tous les murs de ta chambre, pis dans le hangar, pis c'est pas assez ? Y faut que tu sortes la nuit ? T'as rien que seize ans, ti-cul ! Sais-tu ce qui peut t'arriver dehors à des heures pareilles ?

Simon, qui a déjà participé à plus d'une trentaine de sorties nocturnes, sait très bien ce qui peut arriver dehors à une heure pareille. Il en sait même plus que son père sur les dangers de la nuit. Il connaît tous les passages secrets de la ville. Il est monté sur la structure du pont Jacques-Cartier, il a visité les gares de triage pour écrire son nom sur les wagons de trains, il a rampé sous les autobus du terminus, il a circulé au fond d'une bouche d'aération du métro après avoir bloqué l'immense hélice du ventilateur avec des bâtons de hockey, il a visité presque toutes les manufactures désaffectées de l'est de la ville. Avec ses canettes de couleurs ou avec un simple crayon feutre, il a écrit son surnom à plus de mille endroits tous plus dangereux les uns que les autres.

Mais Simon ne dit pas un mot. Il ne veut pas divulguer toutes ses activités clandestines.

Le père marche de long en large dans l'obscurité de la chambre. Il passe et repasse devant une grosse carte de la ville de Montréal accrochée au mur. Sur la carte apparaissent des petits X rouges. Ce sont les endroits où Simon a dessiné des tags. Les X verts montrent les endroits où il a travaillé sur des murs légaux, c'est-à-dire avec la permission des propriétaires. Les X noirs représentent presque tous les endroits où il a signé son nom au crayon feutre. Le centre-ville en est rempli, ainsi que tout le pourtour de l'axe du métro.

Tout à coup, le père cesse de marcher comme un fauve en cage. Il regarde Simon :

—Je comprends maintenant pourquoi tu te lèves régulièrement à quatre heures de l'après-midi ! C'est certain... après une nuit blanche !

Simon se retourne dans son lit. Tout son corps le fait souffrir. La sueur s'est collée à ses vêtements, à ses cheveux. Il rêve de prendre un bain chaud avec de la mousse. Mais il n'a pas le temps de rêver très longtemps.

—Pis quand tu vas coucher chez Guillaume ou ailleurs... je suppose que c'est même pas vrai ? Tu t'amuses dehors toute la nuit ?

Simon ne répond pas. Tapi au fond de lui-même, il assiste, impuissant, à la prise de conscience de son père :

—Pis moi qui te faisais confiance... J'en comprends des affaires, ce soir... ce matin !... Tout l'argent que tu me demandais, c'était pour t'acheter des canettes de couleur ? Toutes les fois que tu disais aller au cinéma, qu'est-ce que tu faisais ?

Pour ne pas répondre, Simon regarde ailleurs.

—Mais pourquoi tu fais ça ? Pourquoi tu fais ça ?

Après quelques secondes de silence, la voix de Simon murmure :

—Je fais ça pour le kick ! Parce que les murs gris sont plattes à mort !... Et puis je fais ça... parce qu'il y a rien d'intéressant à faire !

—Des choses intéressantes, hein ? J'en fais-tu des choses intéressantes, moi ? Bouge pas de là avant que je revienne !

Là, je te jure... on va faire quelque chose d'intéressant !

▲ ▲ ▲

Le père quitte la chambre en laissant la porte entrouverte. Il traverse l'appartement d'un pas rapide et décidé, allume une lampe qui jette un peu de lumière dans le passage et s'empare du récepteur téléphonique.

Après quelques secondes, Simon entend :

— Sergent Cinelli, s'il vous plaît... Merci... Oui, ici Rinfret, le père de Simon, l'ami du jeune Guillaume... Oui... Oui, il est revenu... avec une chemise volée... Oui... On vous attend !

Le père raccroche. Il revient d'un pas lourd et menaçant. Les veines de Simon se gonflent. Des idées tournent à une vitesse folle dans sa tête : police, interrogatoire, enquête, tribunal de la jeunesse, jugement, travaux compensatoires.

Sans réfléchir, sous l'impulsion de la peur, il bondit de son lit et amorce un geste pour ouvrir la fenêtre.

Son père se précipite, traverse la chambre et attrape son fils par la taille. Simon a déjà eu le temps de passer le haut du corps dans l'ouverture. Il se débat, donne des coups de pied, se tortille pour se dégager. Mais, épuisé par sa longue nuit blanche, il n'a plus de résistance. Son père, plus lourd et plus puissant, le tire de toutes ses forces pour le ramener à l'intérieur. Simon abandonne la lutte. Il se laisse tomber sur le plancher. Son père le relève et le pousse sur le lit. Les yeux rouges de colère, il crie :

— C'est fini, le niaisage ! C'est aujourd'hui que ça s'arrête !

Il referme la fenêtre, qui claque comme un coup de fouet dans le silence humide du sous-sol. Il reprend son souffle, gonfle le thorax et ordonne :

— Habille-toi comme du monde... On a un rendez-vous !

Simon, les cheveux défaits, le nez qui coule, les yeux cernés, prend un t-shirt sur une chaise et l'enfile en bougonnant. Il serre les dents, il serre les poings. La rage lui monte au cœur. Il voudrait mordre son père, lui crier qu'il le déteste, qu'il voudrait le voir mort, mais il ne dit rien. L'autre est là, debout devant lui avec toute sa charge de reproches.

Pendant d'interminables secondes, ils restent silencieux l'un devant l'autre. Chacun reprend ses esprits. Le père ne sait plus comment agir avec son fils. Simon voudrait le zapper pour qu'il disparaisse à jamais.

▲ ▲ ▲

La sonnette retentit, libérant les deux adversaires, qui ne savaient plus, ni l'un ni l'autre, comment terminer l'affrontement. La sonnette retentit une deuxième fois.

En tenant son fils par le bras, le père traverse l'appartement et ouvre la porte d'entrée. Deux policiers sont debout, immobiles, avec leurs pistolets à la ceinture, leurs émetteurs suspendus à l'épaule et leurs gilets pare-balles que l'on devine sous leurs chemises. Ils ont encore la marque de leur casquette imprimée sur le front. L'un d'eux coince un porte-documents sous son bras gauche. L'autre tient le gros sac à dos de Simon. Le plus grand empoigne la main du père.

—Monsieur Rinfret ? Lieutenant Tremblay !

L'autre policier s'avance :

—Monsieur Rinfret... Lieutenant Dalkian...

En plissant les lèvres et en hochant la tête, les deux policiers saluent Simon, qui leur jette un regard furtif.

Les policiers pénètrent dans le petit vestibule et suivent le père, qui ouvre la marche. Simon est blanc comme un fantôme. Il regarde par terre d'un air piteux. Tout son sang bouillonne, toutes ses idées s'emmêlent, tout son corps se tend pour résister à la fatigue.

▲ ▲ ▲

Ils se rendent à la cuisine. Le père allume la lumière jaunâtre au-dessus de la table :

— Assoyez-vous !

Les deux policiers s'assoient. Leurs masses sombres se détachent devant la blancheur du réfrigérateur. Les quatre hommes se regardent.

— Bon, tranche le père, vous n'êtes pas venus ici pour jouer une partie de cartes...

Le lieutenant Dalkian esquisse un sourire derrière sa moustache. Après avoir demandé si le sac à dos appartenait à Simon, après avoir vérifié le nom, l'âge, l'adresse, le numéro de téléphone des parents à la maison et au travail, le lieutenant Dalkian dit :

— Bon... Comme on vous l'a dit au téléphone, une patrouille a été alertée cette nuit par un automobiliste qui a communiqué avec nous avec son cellulaire. Votre gars faisait des graffitis avec son ami Guillaume. Lui, on a réussi à mettre le grappin dessus, mais votre fils nous a échappé.

Le père coupe la parole au policier et regarde Simon avec des yeux de braise :

— Les maudits graffitis !

Le policier reprend calmement :

— Deux policiers ont été blessés dans l'opération, le premier s'est foulé une cheville en le poursuivant, l'autre est tombé sur un paquet du verre concassé et il souffre de multiples coupures aux mains. Sans compter que, plus tard dans la poursuite, une auto-patrouille a failli provoquer des accidents.

Sans relever la tête, Simon murmure :

— Tout ça rien que pour des tags... Qu'est-ce que vous faites des vrais criminels ? On faisait rien de mal... C'était sur un panneau abandonné !

Le père fronce les sourcils et lève le bras comme s'il voulait gifler son fils. Mais sa main retombe à plat en frappant la table.

L'autre policier se penche vers Simon :

— Écoute, mon jeune, du vandalisme, tu sais ce que c'est ? Quand vous ne dessinez pas sur des panneaux, vous barbouillez des clôtures, des boîtes aux lettres, des statues dans les parcs... Il y en a jusque dans le métro... Sais-tu combien ça coûte à la ville chaque année pour nettoyer vos barbouillages ?

Simon enrage. Il dit, en serrant les dents :

— C'est pas du barbouillage... c'est...

— On commencera pas à s'obstiner là-dessus, tranche le père. T'avais pas d'affaire à sortir en pleine nuit. Y va-tu falloir que je t'attache dans la maison ?

— Bon, dit le policier Tremblay en consultant un document. Il n'y aura pas de plainte portée contre lui, ni contre son ami Guillaume. C'est une première offense, et ils sont encore mineurs au sens de la loi. Mais la prochaine fois...

Le policier ne termine pas sa phrase. Il se lève, suivi par son acolyte. Les deux hommes se dirigent vers la sortie. Le lieutenant Tremblay se tourne vers Simon et lui demande :

— Comment ça se fait que vous étiez juste deux et qu'il y avait trois graffitis sur le panneau ?

Simon regarde par terre :

— L'autre tag, il était déjà là !

Les deux policiers se regardent sans dire un mot.

Le père demande :

— Pis la chemise que t'avais, elle vient d'où ?

— ... Je... je l'ai trouvée sur le terrain vague...

Les deux policiers se consultent du regard, regardent le père, regardent Simon. Le plus grand des deux dit en mettant sa casquette :

— Bon... le dossier est clos pour aujourd'hui. S'il y a du neuf... on avisera.

Les deux policiers serrent la main du père :

— Bonjour, monsieur...

Puis, en se tournant vers Simon :

— Fais attention à toi, le jeune !

Simon ne répond pas. Le père referme la porte, verrouille la serrure et, sans rien dire, éteint toutes les lumières de la maison. Simon marche vers sa chambre, fait claquer la porte et tombe sur son lit en ne pensant qu'à une seule chose : dormir et oublier cette nuit d'horreur.

Chapitre 9
Dans la tranchée

Au plus profond du sommeil de Simon, une sonnerie de téléphone retentit. Après quelques coups stridents comme des sirènes de police, il entend :

— Allô ? Ah, c'est toi, ça, mon p'tit çimonac... Oui... Non... Simon dort encore... Oui... Pis j'aimerais mieux qu'il ne te parle plus jamais. C'est-tu assez clair ?

Le père raccroche. Il marche, ouvre des tiroirs, ferme des portes. Puis le silence s'installe dans la maison. Simon se rendort. Il rêve : des tags géants apparaissent sur des murs, les grands buildings du centre-ville sont tapissés de graffitis multicolores. Simon, Fred et Guillaume sont suspendus à des grues mécaniques. Ils dessinent de grandes...

Soudain, une main vigoureuse secoue l'épaule de Simon :

— C'est Guillaume au téléphone. Ça fait trois fois qu'il appelle ! Parle-lui avant que je l'étripe !

Simon se retourne dans son lit :

— Je l'appellerai tout à l'heure. Laisse-moi dormir.

Simon s'assoupit encore quelques heures. Soudain, des voix s'élèvent dans la cuisine. Guillaume est là, et il se fait engueuler :

— Faut être baveux en cimonac pour venir ici... dès le lendemain...

Guillaume murmure quelque chose, puis il dit en s'approchant de la chambre de Simon :

— Oui... oui... c'était la dernière fois, monsieur Rinfret... Oui... oui... on a compris...

La porte de la chambre s'ouvre. Guillaume apparaît dans l'entrebâillement. Il approche lentement, dégoulinant de sueur. Il s'assoit sur le bord du lit :

— Dehors, il fait chaud comme c'est pas possible...

Il s'essuie le front avec le bord de son t-shirt et ajoute :

— C'est quelqu'un avec un téléphone cellulaire qui nous a stoolés... J'ai même pas eu le temps de me pousser. Je suis tombé directement dans les pattes d'un flic.

Il se redresse et dit fièrement :

— Ils m'ont passé les menottes, pis j'ai fait un beau tour de char. Au poste, j'ai été obligé d'appeler ma mère... Elle a tout de suite deviné que l'autre... c'était toi...

Simon reste étendu dans son lit. Les genoux repliés, l'avant-bras lui cachant les yeux, il ne dit rien. Guillaume se relève, se rend jusqu'à la porte de la chambre et l'ouvre pour vérifier que personne n'écoute. Il retourne vers Simon :

— Y a juste une affaire qui m'énerve... à propos de Fred... J'ai appelé dix fois chez lui... Y a pas de réponse...

Au même moment, le père de Simon crie :

— Je m'en vais travailler ! Je reviendrai tard ce soir ! Essayez de ne pas faire trop de bêtises !

— Bye ! dit Simon.

— ... Bonne journée, monsieur Rinfret...

Les deux gars se regardent :

— Qu'est-ce qu'on disait ?

— Ah oui... À propos de Fred... Ses parents sont partis en camping pour une semaine, dit Simon.

— Ouais... Pis lui, Fred... il est où ? Est-ce qu'il serait... Est-ce qu'il serait... resté sous l'escalier ?

— Il est peut-être chez lui en train de dormir !

— On ferait mieux d'aller voir !
— Je prends une douche pis on y va !

Chapitre 10
Le soldat manquant

Guillaume et Simon quittent la fraîcheur du sous-sol et sortent dans la cour arrière. Le soleil de l'après-midi brûle tout ce qu'il touche. Les chats se cachent à l'ombre des galeries. Quelques goélands traversent mollement le bleu du ciel. Cachées dans les arbustes qui poussent le long de la ruelle, des cigales sifflent. On se croirait en plein désert.

— Il fait encore plus chaud qu'hier !

— Oui... prépare-toi à suer, répond Guillaume en plissant les yeux.

Les deux gars sautent sur leurs vélos. Les selles et les poignées sont brûlantes. À chaque coup de pédale, ils s'enfoncent un peu plus dans la canicule comme au fond d'un grand fourneau. L'air humide leur colle à la peau.

▲ ▲ ▲

Ils arrivent en sueur devant la maison de Fred. Toutes les fenêtres sont fermées, les rideaux baissés pour ne pas laisser pénétrer la chaleur.

Simon appuie fortement son doigt sur la sonnette. Il recommence plusieurs fois. On entend le son strident à travers la porte. Personne ne répond. Guillaume recommence le même manège. Personne ne répond. Simon se penche et ouvre la petite trappe pour le courrier. Plusieurs lettres traînent sur le tapis du vestibule. Simon approche sa bouche de la fente et crie à s'époumoner :

— FRED ! FRED ! FRED !

Aucune réaction...

Les deux gars font le tour du pâté de maisons, passent par la ruelle et sautent la clôture qui donne dans la cour de chez Fred. Ils frappent à la porte arrière. Rien. Ils frappent dans les vitres. Rien. Tout à coup, ils entendent :

— Hey ! c'est bientôt fini tout ce vacarme ?

Les deux gars relèvent la tête. Ils aperçoivent la voisine du deuxième étage avec ses bigoudis sur la tête :

— Qu'est-ce que vous faites là ?

— On est des amis de Fred... On le

cherche !

— Si ça répond pas, c'est peut-être qu'il n'est pas là... hein ? Ses parents sont partis en vacances, en camping, je crois... Ça donne rien de bûcher comme vous le faites !

— Avez-vous vu Fred aujourd'hui ? demande Simon, la tête levée et la main au-dessus des yeux pour se protéger du soleil.

— Non, j'ai pas vu Fred !

— Si jamais vous le voyez, pouvez-vous lui demander de rappeler Simon ? S'il vous plaît, madame ?

La voisine fait signe que oui. Puis elle tourne les talons et rentre chez elle.

— Qu'est-ce qu'on fait ? demande Simon.

— On n'est quand même pas pour défoncer la porte, murmure Guillaume. Je ne veux pas me faire arrêter une deuxième fois dans la même journée !

— De toute façon, on voit bien qu'il n'est pas là... On a cogné dans la fenêtre de sa chambre pendant dix minutes... S'il n'est pas revenu, il est encore là-bas... à moins qu'il ne soit ailleurs...

— Ailleurs... Où ça, ailleurs ?

— Ailleurs, je le sais-tu, moi ? Chez quelqu'un... Il faut téléphoner à tout le monde qu'on connaît !

En pédalant à toute vitesse, les deux amis retournent chez Simon pour profiter de la fraîcheur du sous-sol. Ils s'enferment dans le salon. À tour de rôle, ils épluchent la liste de leurs connaissances. Ils téléphonent aux amis des amis. La plupart des gens ne répondent pas. À cette époque de l'année, ils sont tous partis en vacances ou traînent quelque part dans un parc ou sur le bord d'une piscine. Les autres ne savent pas où est Fred.

—Il est peut-être à l'urgence d'un hôpital, dit Guillaume.

Simon fouille dans le bottin téléphonique. Il donne à Guillaume les numéros des urgences des hôpitaux. Personne n'a entendu parler de Fred Vaillancourt-Thivierge.

—Attends un peu, dit Simon, un des policiers m'a demandé pourquoi il y avait trois tags sur le grand panneau. Il se doutait peut-être de quelque chose ou il voulait me faire parler... Il faut appeler dans les postes de police du centre-ville.

Il reprend le bottin, tourne quelques pages et donne les numéros de téléphone à Guillaume. Personne, nulle part, n'a entendu parler de Fred Vaillancourt-Thivierge.

Simon, découragé, referme le bottin

et le repousse devant lui :

— Il faut retourner là-bas tout de suite. Fred est peut-être...

— Moi, je ne retourne pas là, répond froidement Guillaume.

— Qu'est-ce qu'on fait, alors ? Il est peut-être en train de crever. Il saignait beaucoup...

En regardant par la fenêtre du salon, Guillaume murmure :

— On appelle la police... On leur dit qu'on était avec un autre gars, qui s'est blessé et qui est peut-être encore là-bas. C'est simple, ça, il me semble.

— Oh oui, le génie !... En même temps, il se fait arrêter. Il a dix-huit ans, lui. Il s'est déjà fait prendre deux fois l'année dernière. Là, ça va lui faire un casier judiciaire avec tout le trouble qui va avec !

— Ça, c'est son problème !

— Je te savais un peu chieux sur les bords, mais pas tant que ça, dit Simon en regardant Guillaume dans les yeux. Moi, j'y vais tout de suite. Toi, tu fais ce que tu veux...

▲ ▲ ▲

Sans attendre de réponse, Simon enfourche sa bicyclette. Direction centre-ville. Mais il n'a pas donné son premier coup de pédale que Guillaume lui crie :

— Tu ne devrais pas faire ça. Tu vas avoir des embêtements.

Simon n'écoute pas. Penché sur ses guidons, il tourne au coin de la ruelle en pédalant de toutes ses forces. Son imagination court déjà au galop. Il imagine Fred à moitié mort, baignant dans son sang. Il n'ose même pas voir plus loin. Il a trop peur. Il pédale comme un déchaîné, brûle les feux rouges, évite de justesse quelques automobiles, se laisse descendre dans la grande côte Saint-Denis, reprend son souffle et repart de plus belle avec une seule idée en tête : secourir son ami Fred, celui avec lequel il a fait les quatre cents coups, avec qui il s'est chicané et réconcilié des centaines de fois.

▲ ▲ ▲

À bout de souffle, Simon arrive devant le quadrilatère protégé par la grande clôture. Il en fait le tour en vélo. Il reconnaît le champ de bataille sous la lumière écrasante du soleil. Tout est pareil, et rien n'est semblable. Il contemple les lieux et se trouve bien naïf d'avoir imaginé que personne ne les verrait sauter par-dessus la clôture. Comment a-t-il pu croire un seul instant qu'on ne les remarquerait pas sur le panneau ?

Il attache sa vieille bécane au poteau d'un parcomètre, à l'endroit exact où ils ont sauté la nuit dernière. En se retournant, il entend la voix tout essoufflée de Guillaume, qui répète :

— T'es malade, t'es malade... Tu vas te faire arrêter encore une fois.

— Ah tiens... T'as pas perdu de temps !

— Écoute, dit Guillaume. C'est de la folie de sauter là en plein jour ! Il doit bien y avoir une autre solution !

— Ah oui, laquelle ?

— Je te l'ai dit, on appelle la police. On pourrait même y aller avec eux.

— Écoute ! La police et moi, on n'est pas du même bord ! Je saute sans avoir de sac, ni aucune canette de couleur. Je vais chercher Fred pis je reviens tout de suite. Si je me fais arrêter, je dirai que j'avais perdu quelque chose... mes clés... Tiens, c'est ça, j'ai perdu mes clés en me sauvant hier soir. Ça te va, comme ça ?

— O.K., répond Guillaume, qui ne semble pas convaincu. Vas-y, je t'attends ici.

Chapitre 11
La grande manœuvre

Sans même prendre la précaution de vérifier si la voie est libre, Simon se précipite sur la palissade. D'un bond, il la traverse et atterrit sur le tas de pierres concassées. Le terrain lui semble complètement différent de la nuit dernière. Il n'y a plus rien de magique, plus rien de mystérieux. Le soleil éclaire les ruines, et les trous béants sont maintenant remplis de lumière. Dans la chaleur torride de l'après-midi monte une odeur de poussière et de pourriture.

Simon longe la clôture et emprunte le même chemin que la veille. Il reconnaît les premiers éboulements et il descend dans le stationnement.

Un peu plus loin, sur le plancher de ciment, dans cet immense décor inondé de lumière, une tache brunâtre apparaît. On croirait que quelqu'un a renversé un gallon de peinture. C'est ici que Fred a eu son accident !

En cherchant parmi les décombres, Simon trouve le morceau de bois transpercé d'un clou, un vieux clou avec des arêtes comme on en faisait autrefois, un clou presque aussi gros qu'un poignard et dont la pointe rouillée est encore pleine de sang.

Un frisson parcourt le corps de Simon. Il imagine la douleur ressentie par son ami. Il lance le bout de bois et continue à marcher dans le fond de la cave en suivant les traces laissées par Fred.

Plus loin, une autre tache brunâtre. Fred s'est arrêté ici pour se reposer. Il a enlevé son soulier et sa chaussette. On voit les marques par terre. Des traces de semelles rouges entrent et sortent de la tache de sang. Ce sont les semelles de Guillaume et de Simon. Mais il semble y avoir d'autres empreintes dessinées dans la poussière.

Simon quitte le sous-sol et apparaît de l'autre côté, en pleine lumière. Les yeux rivés au sol, il cherche, parmi les morceaux de ciment, les bouts de métal tordu et les vieilles briques, les traces laissées par Fred. Elles se dirigent vers le vieil escalier, là-bas dans les décombres.

Simon court vers l'escalier, où il s'arrête net. Il n'en revient pas. Il se frotte les yeux. Le dessous de l'escalier est vide. Fred n'y est pas. Il a abandonné sa chaussette pleine de sang et son soulier. Plusieurs taches maculent le sol. On croirait un champ de bataille abandonné. Tout autour de l'escalier, on peut voir des empreintes de semelles d'un rouge brunâtre. Que s'est-il passé ici ?

Un peu plus loin, Simon découvre le sac à dos de Fred, abandonné, ouvert, vidé de son contenu. Des canettes de peintures gonflées, chauffées par le soleil, gisent sur le sol, prêtes à exploser. En leur donnant des coups de pied, Simon les lance et les fait rouler à l'ombre. Une des canettes frappe le mur de pierre et explose comme une véritable bombe. En sifflant, elle tourne sur elle-même et lance de grands jets bleus.

Simon fouille dans le sac de son ami. Il n'y a plus rien. Sa corde a disparu ainsi que son masque à gaz. Simon ne comprend pas. Il tente de suivre les traces laissées par terre, mais elles disparaissent, comme si Fred s'était volatilisé d'un seul coup !

▲ ▲ ▲

Pris de panique, Simon retourne en courant jusqu'à la clôture. Il crie :

— Guillaume ! Guillaume !

— ... Quoi ?

— Fred a disparu !

— Comment ça... disparu ?

— Il n'est plus sous l'escalier, son masque et sa corde ont disparu, toutes ses affaires traînent par terre. C'est pas normal... Viens voir toi-même !

Guillaume s'approche de la clôture :

— Je te l'ai dit tout à l'heure, j'ai eu ma dose de problèmes pour aujourd'hui...

— Maudit chieux ! Avec un ami comme toi, on n'a pas besoin d'ennemis.

Après quelques secondes de silence, Simon entend quelque chose frapper le panneau de bois. Puis Guillaume apparaît dans la lumière. Il pivote sur le dessus de la clôture et atterrit tout près de Simon.

— Viens voir !

En courant l'un derrière l'autre, les deux gars traversent le terrain vague et se rendent jusqu'à l'escalier. Guillaume inspecte les lieux. Où est passé Fred ? Pourquoi a-t-il abandonné sa chaussette et son soulier ? Pourquoi a-t-il apporté son masque et sa corde ? Pourquoi toutes ses canettes traînent-elles par terre ? Les deux gars ne comprennent rien.

Chapitre 12
Sur la piste

Guillaume et Simon s'assoient à l'ombre d'un petit mur de pierres. En silence, ils regardent le terrain vague.

Après plusieurs minutes, Guillaume soupire :

— Je pense que, là, on n'a pas le choix. Il faut appeler la police. Fred est peut-être en danger de mort. S'il lui arrive malheur, ça va être de notre faute.

Simon regarde au loin en plissant les yeux. Il ne dit rien, mais son air résigné parle pour lui. Accablé par la tournure des événements, il craint déjà son arrivée au poste de police. Il imagine l'air triomphant des policiers qui vont lui faire la morale.

— O.K ! On va voir les flics ! Mais avant, je veux juste vérifier quelque chose.

Guillaume lance une roche au loin :

— C'est quoi l'affaire, encore ?

—Ça va prendre juste une minute, répond Simon, qui se lève et se dirige vers le panneau en regardant par terre. Fred s'est peut-être déplacé... Il est peut-être ici... pas loin... quelque part...

—Ouais, t'as vu la grandeur du terrain à fouiller ?

Simon ne répond pas. En épiant le sol, il se dirige vers le panneau, fait le tour des piliers, marche aux alentours, se penche régulièrement.

Rien, aucune trace de Fred.

—Il est pourtant quelque part... il est pourtant quelque part, murmure Simon comme pour se convaincre lui-même.

Il s'avance un peu sur le terrain chauffé par le soleil. Pendant de longues minutes, il scrute le sol, puis, découragé par l'ampleur de la tâche, il rebrousse chemin.

En revenant vers Guillaume, Simon s'arrête brusquement et baisse la tête. Puis, levant les bras au ciel, il fait signe à Guillaume de venir le rejoindre.

Lorsque Guillaume arrive, Simon est penché sur une roche couverte de taches rougeâtres. Mais les deux amis n'ont pas le temps de s'en réjouir, ni de se poser des questions. Un bruit claque un peu plus loin dans les décombres. Simon relève la tête, écarquille les yeux et se cache.

Guillaume fait de même. Il lève la tête et la baisse aussitôt. Les deux gars se regardent, l'air ahuri.

Le vieux fou est là-bas. Le vieux fou qu'ils ont rencontré la nuit dernière se promène près de l'escalier et il porte une casquette, la casquette qui ne quitte jamais la tête de Fred !

▲ ▲ ▲

Dans le cerveau de Guillaume et de Simon, les idées tournent à une vitesse folle, des scénarios dignes des meilleurs films d'Hollywood s'échafaudent puis s'effondrent.

—Qu'est-ce qu'on fait ? demande Guillaume.

—On va le voir et on le questionne. Le bonhomme a trouvé la casquette de Fred... il doit savoir quelque chose.

—Il est peut-être dangereux...

—Pas si on est deux... pas en plein jour et pas si on est armés, répond sèchement Simon.

Il se relève et entraîne Guillaume. Les deux gars se retrouvent en pleine lumière. L'un derrière l'autre, silencieux comme des chats, ils approchent lentement du bonhomme, qui fouille dans le sac de Fred en marmonnant des choses incompréhensibles.

À mi-chemin, Simon se penche et ramasse une grosse tige de métal. Il la tient dans ses mains comme un bâton de baseball.

— Tu ne vas pas recommencer ? balbutie Guillaume.

— C'est juste au cas... où... il voudrait niaiser...

Les deux gars s'approchent du vieux fou, qui leur tourne le dos. Ils ne sont plus qu'à quelques mètres. Soudain le vieux cesse de marmonner et s'immobilise comme un écureuil flairant le danger. Il se retourne brusquement et tombe les deux fesses dans la poussière.

Le bonhomme regarde les deux jeunes.

Les deux jeunes regardent le bonhomme. Un grand frisson leur parcourt le dos. Sous la lumière crue du soleil, il est encore plus inquiétant qu'à l'obscurité. On dirait un personnage sorti d'un film d'horreur. Sa peau tannée ressemble à du papier de soie parcouru de profondes crevasses.

Tout le monde se regarde, personne ne dit un mot. Simon avance lentement en tenant son gourdin de métal. Le vieux recule, en ouvrant et refermant sa bouche édentée. Il regarde le jeune en tremblant. Ses grands yeux malheureux s'emplissent d'eau. Il sort un flacon de sa poche et en avale quelques gorgées.

Simon crache sa gomme et dit :

— Je ne veux pas vous faire de mal. Je veux juste savoir ce que vous faites avec la casquette de Fred ?

Le vieux ne répond pas. Il tremble. En regardant Simon, il enlève lentement la casquette, se découvre, laissant voir un crâne chauve et ridé. Il avance la casquette pour la donner à Simon, qui tient toujours la tige de métal comme une arme offensive.

Guillaume s'empare de la casquette, la regarde :

— Oui, pas de doute, c'est bien la casquette de Fred. Où l'avez-vous trouvée ?

Le bonhomme ne répond pas. Toujours assis par terre, il recule un peu à chaque question posée.

— Avez-vous vu un gars ? Il était caché sous l'escalier... Il a disparu...

Le bonhomme ne répond pas. Ses yeux affolés s'agitent dans tous les sens. Il recule encore un peu.

— Pourquoi avez-vous du sang sur l'épaule et sur les mains ?

Le vieux ne peut plus reculer, il est acculé à un mur de brique. Simon lève lentement son arme d'un air menaçant. Le vieux plisse les yeux en regardant la tige de métal qui monte au-dessus de sa tête et qui tourne devant le soleil aveuglant. Il ouvre la bouche et balbutie :

—Ce n'est pas de ma faute... Il est revenu... Il est revenu... J'ai vécu ici toute ma vie... Ils ont démoli ma maison... mon salon... ma chambre... Il est revenu... tout démoli...

—Nous cherchons notre ami, répète Simon. Il était caché sous l'escalier et il saignait beaucoup. L'avez-vous vu ?

Le vieux balbutie des mots et des bouts de phrases incompréhensibles.

—Laisse tomber dit Guillaume. Il est fou, le vieux. Il ne comprend rien.

Le bonhomme ferme les yeux et tourne la tête vers le soleil :

—Mon fils... Mon fils Marco est revenu tout démoli !

—Il est vraiment fou ! Moi, je vais chercher les flics !

—Attends ! Attends ! répète Simon. Il est où, votre fils Marco ?

Le bonhomme sourit de toute sa bouche édentée. Il lève le bras et montre timidement le fond du terrain vague :

—Il est revenu à la maison... Il ne faut pas réveiller Marco, il fait dodo...

—Bon, moi, j'y vais, s'impatiente Guillaume. J'ai pas juste ça à faire, écouter les délires d'un malade !

Simon fait signe d'attendre :

— Et votre Marco, il est revenu ce matin ?

Le bonhomme hoche la tête en souriant.

— Oui

— Et vous l'avez trouvé sous cet escalier ?

— ... Oui.

— Et vous portiez sa casquette tout à l'heure ?

Le vieillard plisse les yeux et fait signe que oui. Il sourit comme un enfant.

Guillaume et Simon se regardent. Dans leurs yeux passe un éclair, mélange d'espoir et d'interrogation.

— J'aimerais ça, voir dormir Marco, dit Simon. Je vous jure qu'on le réveillera pas. Je suis son meilleur ami. Vous pouvez nous faire confiance !

Pour prouver sa bonne foi, il lance la tige de métal, qui disparaît derrière un monticule. Ensuite, il s'approche lentement du vieillard et montre ses deux mains vides. Il sort un paquet de gommes de sa poche, en déballe une et la lui présente.

Le bonhomme regarde le petit morceau de gomme. D'une main tremblante, il le prend et le porte à sa bouche. Simon fait la même chose :

— Maintenant, allons voir dormir votre Marco...

Le vieux se relève. Sans rien dire, il titube sur le terrain vague. De temps en temps, il s'arrête, prend une gorgée d'alcool, regarde les deux jeunes qui le suivent et continue sa marche dans le dédale des murs à demi tombés.

▲ ▲ ▲

Le vieillard s'arrête devant un éboulis de briques. Il boit une autre gorgée et chuchote :

— Il ne faut pas réveiller Marco... Il dort...

— Promis, promis, répond Simon, qui cache mal son impatience.

Le bonhomme contourne un vieux mur, se faufile derrière un amas de planches et ouvre une porte. Derrière la porte, un escalier plonge dans le sol. Guillaume dit :

— Vas-y... Moi, je ne vais pas plus loin. Je vais guetter ici. C'est plus prudent...

Chapitre 13
Le blessé de guerre

Simon se glisse derrière le tas de planches et disparaît dans l'escalier qui le happe comme un trou noir. Le contraste avec le soleil est tellement fort que Simon ne voit plus rien. Il entend le bonhomme, quelque part devant lui, qui descend les marches. Une épouvantable odeur d'égout monte de la cave.

En bas, dans le repaire du vieux, quelques rayons de soleil percent le plafond et lancent des flèches de lumière qui tombent sur de vieux meubles défoncés.

Simon écarquille les yeux pour mieux regarder. Il n'a jamais vu un lieu aussi misérable. On se croirait dans les décombres d'une ville assiégée, pilonnée par les bombes. Simon essaie de retenir sa respiration pour ne pas sentir la puanteur d'égout, de poubelles et de pourriture qui envahit les lieux. Il respire par la bouche. Il émet plusieurs hoquets, puis une crampe vient lui serrer le ventre. Une eau salée lui emplit la bouche. Une autre crampe le plie en deux. Il se penche pour vomir. Mais rien ne sort. Il est trop tendu. Il a peur. Tout son corps lui demande de quitter cet endroit. Mais l'image de son ami disparu l'obsède. Il est trop tard pour reculer.

Recroquevillé sur la dernière marche de l'escalier, Simon lance son regard au plus profond de la pièce. Parmi les vieux meubles défoncés, les bols de toilettes renversés et tout le bric-à-brac, il n'y a aucune trace de Fred.

Simon commence à douter. Il a peut-être mal interprété les paroles du vieux fou. Il a peut-être pris ses désirs pour la réalité.

Le bonhomme fouille dans une armoire, sort un flacon et prend une longue gorgée. En pliant les genoux, il regarde Simon et lui offre à boire :

— À... À... À la santé de Marco.

Simon repousse le flacon. Il marche dans la pièce et s'arrête sous les rayons qui dessinent des formes lumineuses sur le sol.

Soudain, le cœur de Simon bondit. Dans un reflet de lumière, il aperçoit Fred pendu à une poutre du plafond. Il porte encore son masque et se balance dans le vide, la tête penchée sur le côté. Simon tremble, il s'approche en courant. Il essaie de soulever le corps de Fred, mais ses mains passent tout droit. Il essaie de nouveau et n'attrape qu'un vieux manteau. Simon expire un grand coup, soulagé par sa méprise. Il décroche le masque de Fred suspendu au plafond et demande :

— Et Fre... heu... Marco, il est où ?

Le vieillard met son index sur sa bouche et sourit. Il traverse la grande pièce en zigzaguant et s'appuie contre une porte de métal couverte de rouille. Il y colle son oreille et dit en souriant :

— Là-dedans... Marco dort...

L'imagination de Simon s'emballe. Cette grosse porte ressemble à celle d'un réfrigérateur de boucher. Il imagine son ami mort, ficelé.

— Je veux voir Marco... Vite ! Je veux le voir dormir !

Le bonhomme fait quelques pas sur le côté et lui fait signe d'entrer. Simon se précipite, soulève la poignée et pousse sur la porte, qui s'ouvre en grinçant.

Il entre dans une pièce à peine plus grande qu'un cachot. Au fond, une forme humaine est étendue sous un amas de couvertures.

—CHUT ! murmure le vieux fou. Marco dort !

Simon s'élance vers le lit de fortune. Dans la pénombre, il reconnaît la chevelure de son ami. Il s'approche encore. Fred, recroquevillé sous les couvertures, semble dormir d'un profond sommeil. Toute la pièce sent la pourriture et le malheur à plein nez. Simon regarde son ami immobile et n'ose pas le toucher... Et s'il était... S'il fallait qu'il soit...

—Il dort, il dort, répète le bonhomme, il ne faut pas le réveiller.

Simon approche sa main en tremblant. Il frôle une joue de Fred et sursaute. Son ami est chaud comme une fournaise. Il fait de la fièvre. Il sue à grosses gouttes.

—Fred... Fred... Réveille-toi... Réveille-toi...

Le bonhomme agrippe Simon par le bras :

—Il... Il ne faut pas le réveiller !

D'un coup d'épaule, Simon se dégage de l'emprise du vieillard, qui titube et s'appuie contre un mur. Simon s'empare des couvertures. En vitesse, il les enlève et les lance au pied du lit.

Fred est là, immobile, presque nu, avec des draps enroulés autour de son pied en guise de pansements. Le bonhomme se relève et empoigne une chaise. Il s'approche de Simon en crachant d'une voix menaçante :

— Si tu touches à mon Marco... je... te tue !

Simon recule. Il regarde le bonhomme dans les yeux. Il ne peut plus se contenir. Il crie à tue-tête :

— CE N'EST PAS VOTRE FILS MARCO... C'EST MON AMI FRED... IL EST BLESSÉ, IL FAUT...

Simon n'a pas le temps de terminer sa phrase. Le bonhomme gueule en frappant la chaise sur les murs :

— CE N'EST PAS VRAI !... CE N'EST PAS VRAI ! C'EST MARCO ! C'EST MARCO !

— IL FAUT L'EMMENER À L'HÔPITAL ! hurle Simon, dont la voix résonne sur les murs.

Le bonhomme se lance sur lui en levant la chaise au-dessus de sa tête. Simon l'esquive et se sauve dans l'autre pièce. Il monte l'escalier en courant à toutes jambes et se faufile derrière le tas de planches.

Dehors, le feu du soleil le frappe en plein visage. Il ne bouge plus. Il attend, haletant. Une forme s'avance dans la lumière éclatante. Guillaume demande :

— Et puis... Qu'est-ce qui arrive ?

Simon reprend son souffle. L'air chaud lui emplit les poumons :

— Fred est en bas dans la cave. Il a l'air mal en point. Viens avec moi !

Guillaume n'a pas le temps de répliquer. D'un mouvement brusque, Simon l'entraîne. Ils se glissent tous les deux derrière le tas de planches et s'engouffrent dans l'escalier qui plonge dans le noir.

— Je ne vois rien. Ça pue, murmure Guillaume.

Simon lui fait signe de s'approcher de lui. À tâtons, ils descendent l'escalier. En bas, ils traversent la grande pièce. Le cœur battant, ils se cachent derrière l'ouverture de la porte. Le bonhomme est là, de l'autre côté, penché sur Fred :

— Dors, mon petit Marco...

Le vieux s'empare des couvertures et recouvre Fred de la tête aux pieds :

— ... Dors, mon petit Marco, dors... Popa va revenir tout à l'heure...

Le vieillard se lève, ferme la porte et fait grincer une clé dans la serrure. Ensuite, en ricanant, il traverse la grande pièce, monte l'escalier et disparaît dans la lumière.

Aussitôt le bonhomme parti, les deux gars se regardent avec stupeur. Guillaume tremble de tous ses membres.

—On est... dans un film... d'horreur, dit-il en balbutiant.

—Le film achève, il faut juste sortir Fred d'ici...

Simon approche de la porte et s'appuie sur la poignée. Il donne quelques coups, mais elle résiste. Avec les mains, il tâte le contour du cadre :

—C'est tout pourri autour!

Il recule, prend son élan et fonce vers la porte en la frappant avec le talon. Le cadre est secoué sous la pression. De la poussière tombe et envahit tout le seuil. Encouragé, Simon recommence. Il recule, court à toute vitesse et se lance dans les airs, pieds devant. Il rebondit contre la porte, dont le cadre s'ouvre de plus en plus. Au troisième coup, la serrure sort de son loquet, et la porte s'affaisse sur le côté dans un nuage de poussière.

Simon et Guillaume s'appuient contre la porte. Ils poussent de toutes leurs forces. Dans un épouvantable grincement, la porte cède tout à coup en éraflant le sol. Les deux amis sont propulsés dans la petite pièce.

—Vite! dit Simon. Il faut sortir Fred d'ici.

Il s'approche de son ami et arrache les couvertures. Fred est là, complètement immobile, comme mort. Simon se penche, le secoue par l'épaule :

— Fred ! Fred ! Viens-t'en... on s'en va à l'hôpital !

Fred tourne lentement la tête. Il ouvre un œil glauque et regarde le plafond. Il entrouvre les lèvres mais ne dit rien. Seule une épouvantable odeur d'alcool sort de sa bouche.

— Pouach ! Le bonhomme lui a fait boire de l'alcool ! Il est saoul mort ! Aide-moi à le relever !

Simon prend son ami sous les aisselles et le soulève pour qu'il puisse s'asseoir. Mais Fred est tellement ivre qu'il ne peut pas soutenir sa tête. Elle roule sur sa poitrine comme celle d'une marionnette. Toute sa peau, tout son corps tremble et sue à grosses gouttes.

Les deux gars se placent de chaque côté du blessé et le soulèvent par les épaules. Fred, qui n'a plus la force de marcher, se laisse porter en gémissant. Ses pieds traînent par terre.

— Il est pesant, grogne Guillaume.

Les deux gars emportent leur ami dans la grande pièce et se reposent un peu. Leurs poumons remplis d'air sale émettent des sifflements à chaque respiration. Leur sang s'accélère, circule dans leurs veines à une vitesse folle.

Ils déposent Fred sur une vieille chaise de bois. Simon retourne dans le cachot et revient avec une couverture. Il la place sur les épaules de Fred, mou comme un pantin désarticulé. Guillaume le soutient pour l'empêcher de tomber. Simon repart, va chercher un drap et revient en le déchirant. Il attache un bout de la guenille à un barreau. Il enroule le reste autour de Fred pour le ficeler au dossier de la chaise. Guillaume le regarde faire, les bras ballants, la bouche grande ouverte. Il ne sait plus quoi dire, quoi faire.

Simon se place à côté de Fred. Il regarde Guillaume :

— Un... deux... trois... Go !

Ensemble, dans un même mouvement, les deux amis soulèvent la chaise. Ils emportent Fred au pied de l'escalier. Là, ils le déposent par terre et se reposent un peu. Puis, une marche à la fois, ils emportent le blessé en haut de l'escalier, jusqu'à la lumière du jour.

Chapitre 14
Hors de l'enfer

Les rayons du soleil aveuglent les deux amis. Ils font quelques pas hors du repaire et déposent Fred par terre. Ils respirent à grands coups l'air brûlant de juillet. Ils reprennent peu à peu leurs esprits. En écoutant les bruits de la ville et en contemplant les buildings immobiles dans le ciel jaune, ils se croient sortis de l'enfer.

Après avoir repris son souffle, Simon dit :

— Bon, le pire est fait... Maintenant, il faut se rendre sur le trottoir.

Il monte sur un talus et analyse la situation. Au sud, la clôture n'est pas très éloignée, à peine une vingtaine de mètres à traverser dans le champ de béton. Mais cette distance lui semble plus longue à parcourir que s'il devait se rendre au bout du monde.

Guillaume ne dit rien, ne pense rien. Il est complètement dépassé par la tournure des événements. Il regarde Fred attaché à la chaise. Son pied malade est emmailloté dans une vieille guenille tachée de sang. Le haut de sa cheville est enflé comme un ballon. La peau de son mollet est grise avec de grandes taches mauves.

Simon descend du talus en courant :

— Attention ! Le bonhomme revient !

Les deux gars s'emparent de Fred. En marchant à petits pas rapides, ils l'emportent de l'autre côté d'un muret.

Le vieillard ne les a pas remarqués. Il avance en vidant une bouteille. Il lève les bras au ciel, tourne sur lui-même, danse en pliant les genoux et en hochant la tête. Il chante :

— Marco est revenu... Chut... Il dort, mon Marco...

Après un dernier tour de valse, le bonhomme s'engouffre dans son repaire. Guillaume et Simon emportent Fred un peu plus loin. À bout de souffle, ils le déposent par terre et se reposent en essuyant la sueur sur leurs visages.

La clôture n'est plus qu'à quelques mètres.

Soudain, un cri s'élève des ruines. L'écho bondit sur les murs encore debout. Un hurlement de rage s'élève, monte dans l'air chaud. On croirait un animal pris au piège.

Le bonhomme apparaît en pleine lumière sur le dessus d'un tas de briques. Il crie au ciel, tourne sur lui-même et s'arrête. En voyant les deux jeunes qui transportent son Marco, il titube, puis s'élance vers les deux voleurs.

Simon et Guillaume, le cœur au bord de l'explosion, réussissent à se rendre aux abords de la clôture. Ils déposent Fred par terre.

Le bonhomme s'approche, les yeux exorbités. Simon s'empare d'un bloc de ciment. Il le soulève au-dessus de sa tête et, comme un enragé, martèle un des contreplaqués de la clôture. Le bonhomme s'empêtre, titube, tombe, se relève en levant le poing. Simon frappe toujours le panneau de bois. Sous la pression, quelques clous grincent et s'arrachent du poteau. Le bonhomme s'approche en hurlant :

— Mon Marco ! Mon Marco !

Simon continue à marteler le contreplaqué avec le bloc de ciment. Tout un côté du panneau se décroche. Sur le trottoir, une femme pousse un cri. Simon cogne toujours comme un possédé. Le bonhomme arrive à la hauteur de Fred. Simon frappe. Frappe. Il laisse tomber le bloc de ciment et se lance sur le panneau, qui se décroche et tombe à plat sur le trottoir.

Le vieillard se précipite à genoux devant Fred :

— Mon Marco... Mon Marco...

Simon se relève, couvert de sueur. Les poumons en feu, il se lance sur le bonhomme, qui pivote, perd l'équilibre et tombe sur le dos.

D'un coup d'œil, Simon ordonne à Guillaume de l'aider. Les deux gars emportent Fred et le déposent sur le trottoir. Des curieux commencent déjà à s'amasser de chaque côté.

Le vieillard se relève péniblement. Il sort une bouteille de sa poche, la tient par le goulot et se lance sur Simon en hurlant comme un déchaîné.

Chapitre 15
Dans l'autre monde

Simon reçoit un violent coup sur la nuque. Un bruit de verre brisé résonne dans sa tête. Il perd l'équilibre et, en tombant, il voit l'image de la ville qui se fracasse en mille morceaux. Le monde bascule. Le trottoir perd ses couleurs. Les automobiles se délavent. Les gratte-ciel et le centre-ville deviennent rouges. Puis, à leur tour, ils éclatent comme du cristal dans le ciel couleur de sang.

Soudain un autre choc. Au bout de sa chute, le visage de Simon heurte la masse du trottoir. La vibration se répercute dans son crâne, dans son cou, dans son corps. Quelqu'un crie, sa voix se perd dans la brume blanche. Une sirène retentit au loin, s'estompe lentement et disparaît dans le silence, un silence immaculé, plus vaste que le continent, plus vaste que l'étendue du ciel. Un silence apaisant qui avale toutes choses.

L'esprit de Simon disparaît dans un univers qui n'a pas de nom, qu'on appelle, selon les circonstances, perte de conscience, coma, néant... un univers qui semble régi par d'autres lois et d'autres sensations. Un monde sans murs, sans plancher ni plafond. Un monde où plus rien n'existe.

Le temps s'est arrêté. Simon flotte parmi les ombres blanches et les rochers de brumes. Il descend lentement vers la surface immobile d'un grand lac. Il se pose sur le dessus de l'eau chaude, qui l'enveloppe comme une caresse. Il flotte telle une barque vide plus légère que la brise. Puis la barque, obéissant au moindre souffle du vent, se laisse porter vers une rivière. Simon sent le roulis des vagues et du courant. Il traverse de grandes forêts peuplées de montagnes dont les cimes se perdent dans la lumière incandescente. Plus loin, la rivière s'emporte, tombe en cascades, se redresse, secouée par les vagues et les grands remous qui montent des profondeurs de la terre. Puis, après avoir traversé des nuages mauves et des brumes qui s'étiolent, la rivière accélère sa course, devient lisse dans son emportement et, du haut du ciel, se jette dans une chute sans fin.

▲ ▲ ▲

Simon tombe dans un trou noir. Il culbute. Ses membres tressaillent sous l'emprise de spasmes violents. Il perçoit tout à coup la douleur intense de son corps. Une partie de son être voudrait retourner dans les nuages blancs, l'autre partie s'acharne et s'agrippe à sa peau, à ses os.

Une série de voiles se déchirent. Simon sursaute. Il ressent tout le poids et toute la souffrance de ses membres. Sa tête est enfermée dans un étau. Quelque chose recouvre ses yeux. Quelque chose recouvre son nez et lui envoie de l'air dans les poumons. Quelque chose perfore et brûle son bras gauche. Au loin, venant de nulle part, une voix de femme dit :

— O.K. Il est revenu... Bienvenue sur terre, jeune homme !

Puis la voix se rapproche de son oreille :

— Vas-y, mon grand, fais bouger tes mains ! Allez, fais bouger tes pieds ! Bouge les jambes ! Bouge les jambes ! Les doigts ! Bouge les doigts !

Simon entend son cœur battre dans sa tête, dans ses mains, dans ses pieds. Tout son corps voudrait crier, hurler de douleur. Mais il est enfermé à l'intérieur de lui-même comme à l'intérieur d'un sarcophage. La voix près de son oreille répète :

— Bouge les pieds ! Allez ! Bouge les mains !

Il essaie d'articuler chacun de ses membres. Rien ne veut bouger. Son corps refuse d'obéir. Il se tend à l'extrême, essaie de sortir de sa torpeur, de son engourdissement. La voix répète avec insistance :

— Bouge ! Bouge, mon grand ! T'es capable !

Il se concentre au maximum, serre les dents à s'en faire éclater les mâchoires. Tout son corps tremble. Il essaie de bouger ses orteils perdus là-bas, à l'autre bout de son corps. Rien ne bouge. Il lui semble que son corps s'est transformé en bois massif et qu'il ne pourra plus jamais articuler aucun de ses membres. À bout de forces, il se laisse tomber en lui-même et se perd dans le brouillard de son sang.

La voix de femme s'éloigne un peu :

— Je ne peux plus... Je ne peux plus rien faire...

Une paume rugueuse s'empare de la main de Simon et la caresse maladroitement. La voix rauque de son père dit :

— Vas-y, mon gars. Il faut que tu bouges. Il faut...

En entendant la voix de son père, Simon sursaute comme s'il venait de recevoir un coup de fouet. Une suite d'images défilent en accéléré dans son esprit. Simon court devant un petit bungalow de banlieue. Il monte de longs escaliers. Il emménage dans un sous-sol. Son père marche près de lui, il vieillit à vue d'œil. Il le gronde, boit une bière, le frappe, lui dit d'un ton insistant :

— Bouge, mon gars ! Bouge les doigts !

Simon, coincé au fond de son corps, se tend et se détend. Puis, soudain, obéissant en retard, ses phalanges se referment une à une sur la main de son père, qui lui répond en lui enfermant la paume entre ses mains chaudes. Au loin, la voix de femme dit :

— C'est bien ! Continue ! Bouge ! Bouge les pieds !

Après un ultime effort, Simon réussit à plier les orteils et à faire pivoter ses pieds.

— Allez ! Encore ! Encore !

Simon enserre la main de son père dans la sienne. Il s'y accroche.

— Bouge encore ! Bouge encore !

Simon réussit à lever une jambe puis l'autre. Il commence petit à petit à reprendre possession de son corps. Il tourne la tête sur le côté, lève un bras, soulève le bassin. À chaque mouvement, ses articulations grincent.

Autour du lit, on s'agite. On marche dans la pièce. On entre et on sort. Les yeux toujours bandés, Simon ne voit rien.

Quelqu'un lui soulève la tête et enlève son masque à oxygène.

Simon ouvre les narines. L'odeur si particulière des chambres d'hôpital pénètre dans son nez et emplit ses poumons.

Petit à petit, il revient de ce côté-ci du monde. Il entend quelques personnes bouger dans la pièce. Il perçoit la respiration rauque et profonde de son père, qui lui tient la main. Quelques appareils électriques ronflent à côté de lui. Tout à coup, un oiseau roucoule. Un pigeon s'est posé sur le rebord de la fenêtre et froisse ses ailes l'une contre l'autre.

Simon esquisse un léger sourire. Il lâche la main de son père, bouge un peu les doigts et caresse le drap de coton sur lequel il est étendu.

Il ouvre la bouche et essaie de parler. Impossible. Sa langue est sèche et dure comme de la pierre. Quelqu'un approche une débarbouillette humide et fait glisser des gouttelettes d'eau entre ses lèvres. Lentement, toute sa bouche s'humecte. Simon avale un peu de salive et réussit à murmurer :

— J'ai mal... partout !

Une voix de femme répond :

— Le pire est passé. Ne t'inquiète pas. Tout va bien aller...

▲ ▲ ▲

Couché sur le dos, Simon somnole. Une aiguille perce la grosse veine de son bras et lui injecte des substances qui l'engourdissent. Il disparaît dans l'autre monde, revient de ce côté-ci, respire l'air de la chambre, repart de l'autre côté, revient écouter le chant des oiseaux. Ces chants de moineaux, de pinsons, d'hirondelles qui s'éveillent le matin et qu'il a souvent entendus en revenant chez lui après une nuit de graffitis. Il se voit encore marcher dans la ruelle en respirant les parfums de l'aube. Il se voit encore glisser sous la clôture, descendre dans le sous-sol par la fenêtre entrouverte et se coucher dans son lit.

Sous l'effet des médicaments, il se rendort puis s'éveille en humant le doux parfum de rôties qui brûlent. L'espace d'un instant, il se croit chez lui. Il tente d'ouvrir les yeux, mais un bandage l'en empêche. Il se redresse dans son lit et touche ses bras. On lui a enlevé la grande aiguille. Il bouge les pieds, les jambes, le tronc, les bras, la tête. Tous les morceaux de son corps sont douloureux mais présents, chacun à leur place.

Simon promène ses doigts sur son visage. Un gros bandage lui recouvre toujours les yeux. Il est collé avec du sparadrap qui tire la peau des joues. Il promène ses doigts sur sa tête. On lui a rasé l'arrière du crâne. Un autre pansement y est fixé.

Une odeur de café vient chatouiller ses narines. Au loin, dans le corridor, on transporte des plateaux. Une porte s'ouvre. Quelqu'un dit :

— Tiens, il est réveillé...

Une autre voix, tout près de lui, demande :

— As-tu faim ?

— J'ai faim comme ça se peut pas, répond Simon.

L'arrière du lit se relève pour former un grand dossier. Une main de femme tapote des oreillers derrière son dos, installe son plateau sur une table pivotante. La voix dit en s'éloignant :

— Les médecins font leurs visites ce matin...

Chapitre 16
Les multiples blessures

Simon entend des pas hésitants, caoutchoutés, entrer dans sa chambre. Quelqu'un contourne le lit et s'arrête. Après plusieurs secondes de silence, la voix émue de Guillaume murmure :

— Salut... C'est moi...

— Salut...

— Heu.. Veux-tu de la gomme ?

Simon fait signe que non, il lève le bras et touche l'épaule de son ami :

— Qu'est-ce qui m'est arrivé ?

— Le bonhomme est devenu enragé, il t'a frappé avec une bouteille. Tu es tombé sans connaissance sur le trottoir. Il s'est lancé sur toi... J'ai réussi à l'arrêter... Il voulait te tuer...

— Je suis resté combien de temps sans connaissance ?

Guillaume ne répond pas. Un long silence flotte dans la chambre.

— Combien de temps ? répète Simon, dont le corps est devenu plus chaud qu'un calorifère.

— ... À peu près trois jours... trois jours et demi, répond Guillaume.

— Et pourquoi j'ai les yeux bandés ?

— ... À... à cause du choc !

— Et Fred ? Qu'est-ce qui arrive avec lui ?

Guillaume n'a pas le temps de répondre. Il chuchote :

— Je te parlerai plus tard... Tu as de la visite... Bye...

Simon entend des pas feutrés. Il tourne la tête vers la porte. L'infirmière dit :

— Voici les docteurs Kappas, Cohen et Monnet...

Simon se sent épié. Quatre personnes le regardent. Il entend des froissements de tissu, une semelle qui craque. Quelqu'un contourne le lit et s'approche en disant avec un accent étranger :

— Bonjéour, mon jeune... Jé suis lé docteur Kappas, Tom Kappas... Jé mé suis occupé dé ton dossier... Beaucoup dé la chance, tou sais... Tou as réçu un coup de bouteille derrière lé tête. Il a fallu ouvrir la plaie, rétirer morceaux dé vitre et faire vingt-deux points dé sousture. Tou aurais pu y rester. La seule chose... c'est que... ton nerf optique a réçu sérieux choc... Si tout va bien, tou rétrouvéras la vue présque parfaitément... Si ça sé complique... tou risques la cécité.

— La cécité ?

Une main d'homme se pose délicatement sur l'épaule de Simon. Une voix dit calmement, d'un ton neutre :

— Ça veut dire... que tu pourrais devenir... complètement aveugle, ou qu'il te resterait un résidu de vision... On ne sait jamais d'avance... ça dé...

Simon lui coupe la parole :

— Quand est-ce que je vais le savoir ?

— Tout dé suite, répond le docteur Kappas. Tou né prends plous dé médicaments et tou n'as plous dé solouté. Peux-tou t'asseoir sur lé bord du lit ?

Simon se relève lentement. La tête lui tourne, il est pris de vertiges. Son cœur bat la chamade. Le mot « aveugle » tourne à toute vitesse dans son cerveau. De peine et de misère, il réussit à s'asseoir en s'appuyant sur ses bras endoloris.

Les deux mains du docteur Kappas se posent sur les épaules de Simon, sa voix descend à la hauteur de son visage :

— Bon... Jé t'enlève lé pansements et tou dois garder les yeux fermés. Tou lé ouvres seulément lorsque jé té lé dirai. Compris ?

Simon fait signe que oui en hochant la tête. Il a peur d'une peur innommable. Tout son être voudrait se sauver au bout du monde. Pour ne pas sombrer dans la folie, il pense un instant à courir, courir et se sauver hors de l'hôpital. Il pense à ouvrir la fenêtre et à se jeter en bas. Il pense à la vie, la belle vie. L'espace d'un instant, il se retrouve avec ses amis par un bel après-midi d'été. Ses copains rient et fument près de lui. Les canettes de couleurs brillent au soleil devant un mur légal. Des policiers descendent de voiture... Simon fouille dans ses poches, déplie une feuille de papier et exhibe fièrement la lettre d'autorisation du propriétaire.

Les mains expertes du docteur Kappas se promènent sur les pansements. Il les déroule lentement autour de la tête de Simon, qui sent l'air frôler ses cheveux.

— Tou n'ouvrés pas les yeux, hein ?

— ... Non... non, murmure Simon, immobile comme une statue de plâtre.

Bientôt, il ne reste que deux grosses ouates collées sur les paupières closes de Simon. D'un coup sec, les collants sont arrachés. Simon sursaute comme si on lui arrachait la peau des joues. La pression des ouates disparaît. Simon garde les yeux fermés. L'air chaud vient frôler sa peau endolorie. Il sent la présence de la lumière qui dessine des nuages rouges sur l'écran de ses paupières.

Puis on éteint la lumière au-dessus du lit. On marche dans la chambre et on ferme les rideaux de la fenêtre.

— C'est pour né pas choquer tes yeux, dit le docteur Kappas. Mainténant, tou lé ouvres lé plous lentement que tou peux.

▲ ▲ ▲

Simon sent la peur lui mordre le ventre et lui dévorer le cerveau. Assis dans son lit, il avance les doigts et touche le bras de quelqu'un. Il fait glisser son pouce vers le bas et s'empare de la main de l'infirmière, qui se tient debout près de lui. Elle murmure en lui serrant la paume :

— Vas-y, ouvre lentement...

Il ouvre lentement ses paupières, qui battent comme les ailes d'une libellule. Dans la pénombre de la chambre, Simon voit apparaître quatre formes grises, imprécises. Quatre formes humaines, immobiles, qui semblent onduler sur place au même rythme que ses propres pulsations cardiaques.

La forme du centre se rapproche. Simon distingue un visage dessiné à grands traits. Une tache pour la bouche, deux ombres pour les yeux et une autre pour le nez.

—Qu'est-cé qué tou vois ? demande le visage.

—Je... je vois des formes imprécises.

Une main s'approche et se promène devant les yeux grands ouverts de Simon.

—Et là, tou vois combien dé doigts ?

—Je vois un, deux, trois, quatre, je vois quatre doigts... Mais je les vois en noir et blanc, comme sur des photos floues.

—C'est normal, dit la voix du docteur Kappas. Bientôt, très bientôt, tou verras en couleur. Il faut qué tes jolis yeux s'habituent gradouéllement.

—Ça veut dire que je ne deviendrai pas aveugle ?

—Ça veut dire qué tou né déviendras pas aveugle, répond le docteur en lui serrant l'épaule d'un geste amical. Ça veut dire aussi qué tou dois té réposer dans la pénombre. Nous avons eu plous dé peur qué dé mal. Bientôt, nous té ferons passer quelques tests et tou pourras rétourner chez toi... Au révoir...

Simon avance le bras et tend la main au médecin :

—Heu... Merci...

—Dé rien, mon grand !

Les quatre formes lui tournent le dos et disparaissent une à une derrière la porte de la chambre.

Simon se laisse tomber sur son lit, se couche sur le dos. En regardant le plafond, il répète plusieurs fois à voix haute :

— Je ne serai pas aveugle... je ne serai pas aveugle...

▲ ▲ ▲

Les yeux grands ouverts, Simon esssaie de voir ou plutôt de deviner tout ce qui l'entoure. Il fixe le plafond et voit apparaître quelques petites fissures, comme si une fourmi avait laissé des traces en zigzaguant sur le plâtre. Sur le mur, en face, un gros crucifix apparaît. Il semble flotter quelques centimètres au-dessus de la surface grisâtre, il avance puis recule comme s'il pénétrait dans l'épaisseur du mur.

Simon plisse les yeux, écarquille les paupières, promène ses yeux de gauche à droite en se répétant en lui-même :

— Je vois... je vois... Je ne serai pas aveugle.

Il se retourne et aperçoit la silhouette de Guillaume qui se déplace devant le lit. Il reconnaît la forme de sa casquette, sa tête montée trop haut sur un grand cou, ses épaules tombantes, ses bras trop longs, son pantalon large. Simon lui dit :

— Guillaume... t'es comique en noir et blanc !

Guillaume ne répond pas. Il regarde Simon avec sa grande face blême et ses yeux cernés. Il se mord la lèvre inférieure.

— Fais pas cette face-là, Guillaume, je vais sortir d'ici...

Simon se redresse dans son lit et ajoute, comme s'il voulait se convaincre lui-même :

— Pis on va aller faire le plus grand tag du monde. Moi, toi pis Fred, on va se faire sauter tout un tunnel de métro, d'une station à l'autre, tu vas voir. Tu vas voir, ça va être écœu...

— Compte pas sur moi, répond sèchement Guillaume.

— Même sur un mur légal ?

— Pis compte pas sur Fred non plus.

— Qu'est-ce qui arrive avec Fred ?

— ... Fred est aux soins intensifs, à l'étage en bas...

— Pis, comment il va ?

— Il va... mal. Il va très mal... Il a perdu beaucoup de sang... Il risque... Il risque de perdre sa jambe

— Comment ça ?

— À cause du clou rouillé qui lui a

transpercé le pied. Il a attendu trop longtemps pour recevoir des piqûres contre le tétanos pis d'autres médicaments... Ils... ils vont peut-être lui couper la jambe...

Pendant un long moment, les deux gars ne parlent pas. Ils écoutent le silence de la chambre. Ils sentent la chaleur du soleil qui se faufile entre les rideaux fermés. Chacun est perdu dans ses pensées.

— La jambe coupée, répète Simon à voix haute... La jambe coupée... ça se peut pas... Pis le bonhomme ? Qu'est-ce qui est arrivé au bonhomme ?

— Je ne sais pas. Quand il a entendu la sirène de l'ambulance, le vieux s'est sauvé en hurlant... Moi... j'étais occupé avec vous deux.

— Est-ce qu'ils ont posé des questions à propos de Fred ?

— Je l'ai détaché. Ensuite j'ai lancé la chaise et la couverture dans le terrain vague. Quand l'ambulance est arrivée, vous étiez tous les deux étendus sur le trottoir... Personne ne savait ce que vous faisiez là... Moi non plus... je ne le savais pas !

— T'es au boutte, man !

— Les ambulanciers ont posé des questions. J'ai tout raconté. Je n'avais pas le choix, vous étiez en train de crever ! Je suis monté dans l'ambulance avec vous deux. J'vous ai pas lâchés.

—Pis mon père ?

—Ils ont appelé chez vous... Ils ont laissé un message... pis ton père est arrivé en catastrophe... Il voulait tuer tout le monde !

—Mon père a été correct quand je me suis réveillé... mais... Je pense que je vais en manger toute une à la maison...

—Je ne sais pas... J'ai vu ton père pleurer comme un bébé... Ce bonhomme-là, il t'aime bien plus que tu penses !

Simon ne dit plus un mot. Il pense à son père, son père qui a voulu le garder avec lui quand sa mère est partie vivre avec un autre homme, il y a plus de dix ans. Son père, qui passe son temps à chialer et à boire sa bière en regardant la télévision.

—Bon, dit Guillaume, je vais voir Fred en bas. Je reviens bientôt... Salut !

—Salut... Tu lui diras...

—Je lui dirai quoi ?

—Dis-lui... bonjour de ma part...

Chapitre 17
Le branché

Guillaume quitte la chambre de Simon, se rend jusqu'au milieu du corridor et emprunte.l'escalier de secours. Il descend en courant les quelques marches qui mènent à l'étage inférieur, tourne à gauche, marche dans le corridor et disparaît derrière une porte.

Fred est étendu sur le dos. Il est relié à des appareils électroniques qui clignotent. Des tubes entrent et sortent de partout. Un sac de soluté se vide goutte à goutte dans ses veines. Les paupières rouges, il regarde une télévision muette suspendue au-dessus de lui.

Guillaume s'approche. Il n'ose pas regarder son ami dans les yeux. Il est maigre et blanc comme un mort, immobile dans son lit.

—Heu... Salut! dit Guillaume d'un ton faussement joyeux.

Fred ne répond pas. Ses yeux rouges fixent l'écran de télévision, sur lequel se débattent silencieusement deux petites souris animées. Après un long silence, Guillaume demande :

—Pis ?

—Pis quoi ?

Le soluté s'égoutte lentement, les lumières des appareils clignotent. Le feu du soleil éclaire toute la chambre, mais le malheur reste imprégné dans les murs.

Les petites souris disparaissent et font place à une annonce de savon. Fred prend une grande respiration et murmure :

—Je pensais jamais me retrouver sur le dos comme ça! Je vais me retrouver sur une seule jambe... sacrament! Ils viennent de me faire une dernière piqûre d'antibiotique. Après... après... ils vont décider... ils vont décider... où ils vont couper.

Guillaume ne sait plus quoi dire. Il balbutie :

—Tes parents... ils ne sont pas revenus de vacances ?

—Ils sont supposés revenir demain... On n'a pas pu les rejoindre, ils faisaient du camping quelque part sur le bord de la mer aux États-Unis...

—Moi, j'ai toujours haï ça, le camping, dit Guillaume pour remplir le silence.

—Moi aussi, répond Fred, les yeux mouillés. Surtout leur sorte de camping... ils sont tous tassés les uns sur les autres...

—Ils vont avoir un méchant choc pour leur retour !

—Le choc, c'est moi qui l'ai, répond Fred. Ils vont en profiter pour me faire la morale pis ça, ça sera pas drôle. Je les entends déjà m'engueuler...

Guillaume regarde dehors. Il ne dit rien. Le soleil rayonne sur la ville. L'air devient jaune et s'emplit de petites particules de lumière.

Fred parle tout seul en fixant l'écran de télévision. Ses yeux rouges laissent couler quelques larmes :

—C'est drôle ce qui est arrivé avec le bonhomme dans le terrain vague. Après votre départ, je suis sorti de ma cachette sous l'escalier. J'ai essayé de ramper. Je suis arrivé face à face avec le vieux. Je l'avais entendu crier après vous autres. Je pensais qu'il allait me tuer. Il m'a regardé et il s'est mis à m'appeler Marco. Puis il m'a serré dans ses bras en pleurant. Je pleurais, moi aussi, à cause de mon pied. Le bonhomme répétait « Marco, Marco ». Puis il m'a fait boire quelques gorgées d'alcool, ça m'a donné comme un coup de fouet. Il est parti et il est revenu avec du vieux linge. Il m'a fait un bandage et après, après je ne sais plus ce qui est arrivé. Je me suis retrouvé quelque part dans une cave. Le vieux s'occupait de moi comme d'un bébé.

— Il te prenait pour son fils Marco, répond Guillaume. Il t'a saoulé pour...

— Plus je buvais et moins j'avais mal au pied... Et puis, c'est drôle à dire, mais tout le temps que j'ai passé là, j'ai eu l'impression qu'il m'aimait vraiment. Il s'est même couché près de moi. Il pleurait en me souriant, il me caressait les cheveux... comme mes parents quand j'étais petit et que j'étais malade.

Guillaume regarde toujours dehors. Il dit :

— Si on avait su, on aurait loué un vidéo ce soir-là... On aurait loué un film de guerre... Un film... c'est moins dangereux.

Fred ne répond pas, son cerveau est engourdi par les produits chimiques qui coulent dans ses veines.

Guillaume colle son front sur la vitre chaude. Il regarde en bas, tous ces toits carrés, sagement alignés les uns à côté des autres, toutes ces autos qui circulent dans le même sens, qui s'arrêtent aux feux rouges et repartent au feu vert, tous ces piétons qui marchent sur le trottoir comme des soldats bien dressés.

Puis il se retourne vers Fred, qui a fermé les yeux et qui semble dormir paisiblement sous l'emprise des calmants qu'on lui a administrés. Sur l'écran muet de la télévision, un gros chat poursuit encore les deux petites souris.

▲ ▲ ▲

Sans faire de bruit, Guillaume sort de la chambre, marche vers l'ascenseur, attend quelques secondes, s'impatiente puis, brusquement, ouvre la porte de l'escalier et descend en courant les sept étages jusqu'à la sortie. Quelques personnes attendent en fauteuils roulants dans le hall d'entrée. Un homme avec des béquilles tente de s'asseoir dans un taxi. Une femme enceinte arrive en se tenant le ventre à deux mains.

Guillaume quitte l'hôpital en courant. Il se précipite sur le trottoir. Il court, se faufile entre les passants, traverse quelques rues et s'arrête plus loin à une intersection, là où le souvenir de l'hôpital se perd dans l'air suffocant de la ville.

Il reprend son souffle devant une vitrine recouverte de néons flamboyants.

Des serpents lumineux clignotent derrière la vitre inondée de soleil. Encore tout essoufflé, Guillaume fouille dans ses poches, compte ses dollars, vérifie sa monnaie et pénètre dans un centre d'amusement vidéo.

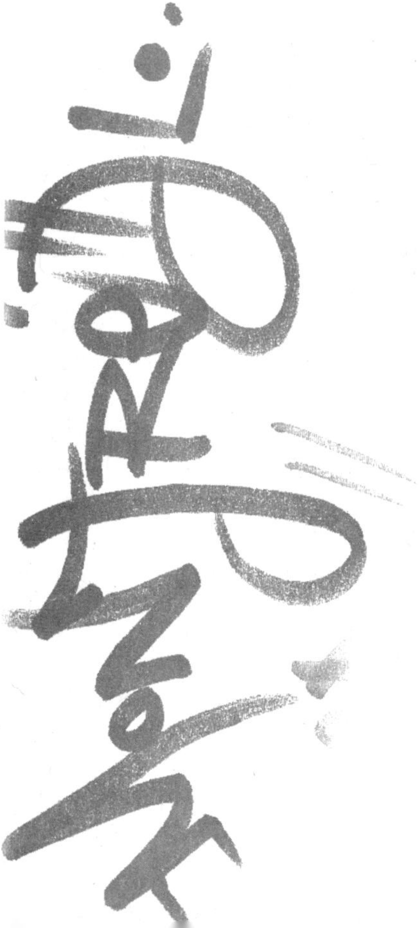

Chapitre 18
Les rescapés

À l'intérieur du centre d'amusement, la musique se jette dans les oreilles de Guillaume. Les basses rythmées martèlent ses tympans et résonnent jusque dans son plexus. L'air frais, tout droit sorti des climatiseurs, lui emplit les poumons et lui glace la peau. La sueur devient une petite pellicule d'eau qui s'évapore en laissant courir des frissons.

Sous les lumières qui tournent au plafond et dans les vapeurs de cigarettes, Guillaume marche dans l'allée centrale, entre deux rangées de machines à boules qui clignotent. Partout, des miroirs renvoient les lumières, qui se prolongent à l'infini.

Presque tous les jeux sont occupés par des joueurs fébriles qui donnent des coups de hanche, des coups de tête. Certains joueurs se battent contre des dinosaures, des monstres dont les cris donnent le vertige. D'autres joueurs, installés devant des guidons, simulent des courses de motocyclettes dans un vacarme de moteurs qui ronflent et de pneus qui hurlent.

Couché dans son lit blanc, Fred est pris de spasmes. Il se tord de douleur. Il rêve. Il court sur une passerelle suspendue dans le vide. Au bout de sa course, une grande lame lui coupe la jambe. Il tombe dans un champ couvert de clous rouillés.

Guillaume s'arrête devant une machine de guerre. Sur l'écran vidéo, des soldats se cachent derrière des sacs de sable. Guillaume insère une pièce de monnaie, empoigne la fausse mitraillette, vise les attaquants au premier plan et tire sur tout ce qui bouge.

Simon est debout près de son lit. Il essaie de faire quelques pas. Il est pris de vertige. Sa tête tourne, la chambre tourne, l'hôpital tourne sur lui-même. Appuyé sur le lit, il se rend jusqu'au fauteuil réservé aux visiteurs. Il s'assoit dans la pénombre. Les yeux pleins d'eau, il regarde le décor noir et blanc de la chambre.

Avec la mitraillette tronçonnée, Guillaume tire sur les guerriers. Taratatata... Taratatata... C'est la fuite systématique. Les soldats se sauvent en zigzaguant. Taratatata... Lorsqu'ils sont touchés par les rafales, une grande tache rouge apparaît dans le dos des fuyards, qui explosent et disparaissent. Des bataillons entiers sont anéantis. Lorsque le temps de la partie est écoulé, ou qu'il ne reste aucun survivant, l'écran s'illumine, les lumières tourbillonnent, lancent des feux d'artifice et affichent victorieusement le nombre des morts.

Fred est couvert de sueur dans son lit. Il vient de se réveiller. Sa jambe malade est enflée jusqu'au genou. Il n'en peut plus. Il s'empare de la petite sonnette d'alarme et appuie sur le bouton avec insistance. Quelqu'un crie dans le corridor, des talons martèlent le plancher.

Guillaume insère une autre pièce de monnaie. L'écran s'illumine devant lui. Taratatata... Il recommence le même manège. Matraqué par la musique et concentré sur l'adversaire qui tente de lui échapper, Guillaume essaie d'oublier toutes les émotions des derniers jours. Il voudrait faire sortir de ses souvenirs et de sa vie cette maudite nuit passée sur le terrain vague. Il voudrait oublier ses amis enfermés dans leurs chambres d'hôpital. Mais la réalité lui colle à la mémoire comme une sangsue.

Simon, assis dans le fauteuil, fixe le lit gris, le mur gris et le grand rideau gris qui coupe la chambre en deux. Puis il ferme les yeux et se rappelle la couleur du ciel, la couleur des arbres, la couleur de son vieux vélo. Il tente de se souvenir des derniers graffitis qu'il a dessinés. La couleur existe dans sa mémoire, les rouges éclatent, les verts se frottent aux bleus, les jaunes crient sur des fonds mauves. Puis Simon ouvre lentement les yeux dans la chambre désespérément noire et blanche.

Un jeu vidéo se libère près de Guillaume. Sur l'écran, des filles en bikinis l'appellent. Guillaume insère une pièce de monnaie dans la fente et place ses mains de chaque côté sur des boutons qui activent les flippers. La petite bille métallique part en flèche et rebondit sur tous les obstacles, qui clignotent en émettant une suite de bruits électroniques.

Des médecins entrent dans la chambre de Fred avec ses dernières radiographies. L'un d'entre eux injecte le contenu d'une seringue dans le soluté. Quelques secondes plus tard, Guillaume ressent une grande chaleur lui monter à la tête. Toutes ses douleurs disparaissent. Les médecins consultent en silence son dossier puis une infirmière enfile des gants de chirurgie en caoutchouc. Elle se frotte les mains pour ajuster les gants, fait claquer ses doigts et déroule le long pansement qui recouvre le pied de Fred.

Guillaume place son dernier jeton dans la fente du jeu vidéo. Il joue cette dernière partie avec l'énergie du désespoir. Les réflexes aiguisés au maximum, il actionne les flippers, frappe la machine avec son bassin. La bille de métal, tel un insecte fou, rebondit sans laisser de trêve au joueur. Tout à coup, l'écran s'illumine, une trompette chante et une voix annonce que le joueur gagne une partie gratuite.

Fred ne ressent plus rien. Il regarde les médecins penchés sur sa jambe. Ils l'auscultent tout en consultant leur dossier. Le plus petit s'approche de Fred et lui met une main sur l'épaule :

— J'ai une mauvaise nouvelle à t'annoncer... Nous avons tenté l'impossible... Maintenant, nous n'avons plus le choix, il faut agir au plus vite... avant que ça se propage plus haut... Nous devons couper... un peu plus haut que la cheville.

Guillaume termine sa partie gratuite. Il marche dans l'allée centrale, cherche parmi les joueurs quelqu'un qu'il connaîtrait, quelqu'un qui pourrait lui prêter un peu d'argent. Il ne reconnaît personne. Il prend une dernière bouffée d'air climatisé, ouvre la porte et reçoit en plein visage la lumière éblouissante du soleil.

Simon est debout, appuyé au dossier du fauteuil. Il regarde le lit, qui commence à se colorer lentement. Il lui semble même que les murs prennent une teinte pastel. Son cœur bat à tout rompre. La couleur, la couleur commence à se dessiner lentement, imperceptiblement sur la surface des objets qu'il regarde. Il tend le bras devant lui, regarde ses doigts flous, et il lui semble que tout son corps reprend vie.

Fred est étendu sur une civière roulante. On l'emporte dans le dédale des corridors. Les grosses roues de caoutchouc chuintent en tournant sur le parquet. Couché sur le dos, Fred regarde les lumières défiler au plafond. Soudain le plafond s'arrête, tourne sur lui-même. Une porte s'ouvre. Fred voit apparaître une grosse lampe entourée d'une multitude d'appareils chromés reliés par des fils. Une dame portant des lunettes et un masque turquoise se penche au-dessus de lui.

Plusieurs personnes s'affairent autour de la civière. La dame dit :

— Tout est prêt pour l'intervention. D'ici cinq secondes, tu vas t'endormir et tu ne ressentiras rien.

À peine cette phrase terminée, tout le corps de Fred s'engourdit. Il disparaît à l'intérieur de lui-même comme une télévision qui s'éteint.

Chapitre 19
Le soldat errant

Guillaume marche sur le trottoir. Il ne sait plus où aller se cacher. Ses deux meilleurs amis croupissent à l'hôpital. Tout son univers s'étiole. La ville enfle sous l'effet de la chaleur. Les gratte-ciel du centre-ville ramollissent et tanguent comme des bâtisses de caoutchouc. Guillaume marche comme un zombi. Il ne pense plus à rien, ne rêve plus à rien. Il avance, les bras ballants, s'arrête aux feux rouges et repart en suivant les migrations de la foule.

Il s'écrase sur un banc et se laisse pénétrer par les rayons du soleil. Une douzaine de touristes armés d'appareils photo s'éternisent au coin d'une rue. Quelques camions s'arrêtent et repartent. Des automobiles laissent des traces de pneus sur l'asphate chaud et collant comme du goudron. Deux filles marchent à l'ombre. Leur peau lisse, bronzée comme du chocolat, fait tourner les regards des hommes.

Guillaume, assis sur son banc, regarde le monde vivre sa petite vie normale. Il a l'impression qu'il ne se relèvera plus jamais. Soudain, son visage s'éclaire. Un autobus freine de l'autre côté de la rue. Sur ses flancs, trois immenses graffitis apparaissent : ***ATAK 21***, ***WEXER*** et ***BURK***...

Photo: © Martine Doyon

GILLES TIBO

Illustrateur pendant plus de vingt ans, Gilles Tibo a, un jour, délaissé les images pour les mots. Enthousiasmé par l'aventure de l'écriture, il a créé de nombreux personnages pour tous les âges et tous les publics. Ses livres, traduits en plusieurs langues, lui ont valu de nombreux prix tant au Canada qu'à l'étranger. Nous lui devons plusieurs séries à succès, dont la plus célèbre : la série des *Noémie*, déjà appréciée par des centaines de milliers de lecteurs.

Fiches d'exploitation pédagogique

Vous pouvez vous les procurer sur notre site Internet à la section jeunesse / matériel pédagogique.

www.quebec-amerique.com

GARANT DES FORÊTS INTACTES

L'impression de cet ouvrage sur papier recyclé a permis de sauvegarder l'équivalent de 6 arbres de 15 à 20 cm de diamètre et de 12 m de hauteur.

Achevé d'imprimer au Canada
sur papier Enviro 100 % recyclé
sur les presses de Imprimerie Lebonfon Inc.

100%